살아서 백년 죽어서 천년

도마 안중근 〈하얼빈의 총성〉

李二寧 · 著

대한교육문화원

책 머리에

"한국과 일본의 과거 36년 간에 걸친 불행한 역사… 운운(云云)하지만 그때 어떤 일이 있었는지 나는 견문이 적어 알지 못한다." 이것은 한때 일본 수상이었던 이케다(池田勇人)가 중의원에서 한 망언이고, "과거 일본이 한국을 식민통치를 하지 않았더라면 오늘날과 같은 한국의 발전이 있을 수 있다고 생각하는가!" 이것은 그보다 앞서 일본 외무대신 구보다 간이치로(久保田)가 공식 석상에서 발언한 망언이며, "한일합방을 강요한 일본도 나빴지만 굳이 그 책임을 묻는다면 그 당시에 도장을 찍은 수상 이완용에게 있다. 싫으면 거절했으면 그만이다." 이것은 1995년 일본 총무청장관 에토 다카미(江藤隆美)가 기자회견 석상에서 발언한 망언이었다.

1945년 8월 15일. 한 세대가 넘는 역사의 흐름 속에 우리와 일본의 관계는 그동안 많이 변했다. 그러나 급변하고 있는 오늘날 국제정세 속에서도 아직도 우리 주위에 이러한 망언과 이렇듯 오만방자한 생각을 하고 있는 일본인들이 있다는 것을 생각할 때, 비록 식민지시대의 치욕스런 역사일망정 우리는 일제시대의 역사를 제대로 알아야 할 의무를 느낀다. 재주없는 필자가 짧은 붓을 들어 이 책을 펴게된 것도 바로 그러한 이유에서이다.

돌이켜보건대 우리 민족처럼 고난의 길을 걸어온 민족도 드물다. 외적의 침입, 내란과 분열, 한때는 국토를 빼앗기기도 했고 내정의 간섭도 받았으며 끝내는 일본 제국주의자들의 식민지로까지 전락하고 말았던 비운의 민족이었다.

그러나 우리 민족은 끝내 불멸의 의기로 다시 일어나 광영(光榮)의 새 역사를 만들었다. 그리고 유사 이래의 민족중흥기를 맞아 조국광복을 위해 몸 바친 수많은 구국선열들의 나라사랑 정신과 그 의지를 본받고 굳게 되새기자는 뜻으로 독립기념관을 건립하였다.

전 국민의 성금으로 건립된 독립기념관이 상징하는 주제가 주로 일제 침략 하에서의 독립항쟁사인 것처럼 이 책의 내용도 민족수난사의 최대 암흑기인 일제시대의 역사를 담고 있다.

그러나 이 책이 곧 정사(正史)의 구실을 하자는 것은 아니다. 그렇다고 무책임한 야사(野史)는 더욱 아니다. 소설〈일제36년사〉는 엄연한 사료(史料)와 객관적인 사평가(史評家)의 고증과 고증본, 그리고 생존한 독립투사들과 그 유족들의 증언을 토대로 하여 1960년대 필자 자신이 엮었던 동양방송의 장편 다큐멘터리 라디오 드라마「일제 36년사」를 사건 설화체로 개작하여 1945년 광복의 그날까지 완결·보완한 실록대하 소설임을 아울러 밝히는 바이다. 다만 설화체(說話體)의 소설로 만들다 보니 간혹 사건과 시대적 배경 및 등장인물의 본의 아닌 과대노출 등, 다소 정사와 다른 점이 있다 해도 이는 극적인 요소를 사건 속에 투입하여 역사성과 시대성을 좀더 박진감 있게 표현하자는 의도인 만큼 결코 그 근본이 되는 역사성 전체를 왜곡시키지는 않았으므로 독자 여러분의 폭넓은 이해를 바란다.

李二寧

차 례

책 머리에 ·· 3
등장 인물 ·· 7

제1장 연해주의 혈사들 ·································· 9

내 이름은 안중근이다 ·· 11
12인의 단지동맹(斷指同盟) ································ 23
블라디보스토크 탈출 ·· 32
유동하와의 인연 ·· 48
출정(出征)을 앞두고 ··· 63
출정(出征) ·· 75
회령(會寧)의 참패 ··· 82
날아든 소식 ··· 96

제2장 하얼빈의 총소리 ································ 111

거사(擧事)계획 ·· 113
큰 뜻을 위한 희생 ··· 126

하얼빈의 낯선 방문객	139
정체 모를 안내자	157
숨가쁜 거사 직전	178
쓰러지는 거흉(巨兇)	189
비굴한 어릿광대들	205

제3장 제일강산 ··· 221

공판정의 안중근	223
나의 염원은 조국의 독립뿐	239
죽어도 여한이 없다	250
마지막 유언	265
살아서 백년 죽어서 천년	271

◈ 등장 인물 ◈

안중근(1879~1910) 아명 응칠. 항일독립투사. 1895년 천주교에 입교, 세례명 도마. 을사늑약이 체결되고 남포에 돈의학교 설립, 1907년 항일운동에 뜻을 품고 연해주로 망명하여 대한의군 참모중장, 특파독립대장 및 아령지구사령관 역임. 1909년 10월 26일 하얼빈역에서 이토 히로부미를 사살 현장에서 체포된 후 일본법정에서 사형언도를 받고 1910년 3월 26일 여순형무소에서 순국. 서예에 조예가 깊어 많은 유묵이 있으며 그의 저서로는 옥중에서 집필한 《동양평화론》이 있슴. 1962년 대한민국 건국공로훈장 중장 수여

안창호(1878~1938) 호 도산. 독립운동가. 1902년 미국에서 한인공동협회를 설립하고 공립신문 발간, 을사늑약이 체결되자 귀국. 항일비밀결사단체 신민회와 흥사단 조직. 1919년 임시정부 수립후 노동총장 등을 역임하면서 상해에서 독립신문창간. 1932년 윤봉길의사 의거사건에 연루되어 2년 6개월 투옥. 1937년 동우회사건으로 재투옥. 가석방 후 병사. 1962년 대한민국 건국공로훈장 중장(重章)수여

우덕순(1880~1950) 일명 연준. 항일독립투사. 항일운동에 뜻을 품고 블라디보스토크로 망명. 안중근 부대의 독립군에 가담. 함흥과 회령 일대에서 일본군과 교전중 체포되어 7년형을 선고받고 복역중 탈옥. 1909년 안중근, 조도선, 유동하와 함께 이토를 암살하기 위한 거사 모의. 거사후 안중근과 함께 체포되어 3년형을 선고받고 복역중 함흥감옥 탈출사건이 탄로나 형량이 추가됨. 1915년 출옥후에 만주일대에서 계속 항일운동가로 활약. 1962년 대한민국 건국공로훈장 단장 수여.

원세개(1859~1916) 중국의 정치가. 1882년 조선에 부임. 1884년 조선주재 총리교섭 통상사의가 되어 조선의 내정 외교 간섭. 1895년 청일전쟁후 천진에서 북양신군을 창설하고 무술정변을 일으킴. 1910년 신해혁명으로 청나라가 망하고 중화민국이 설립되자 1912년 초대 대통령에 취임

유동하(1892~1918) 일명 강로. 항일독립투사 안중근의 독립군에 가담하여 항일운동을 하다가 1909년 이토의 암살계획에 가담. 거사 후 안중근과 함께 체포되어 1년6개월 형을 선고받고 복역. 1918년 독립운동을 지원받기 위해 볼세비키 혁명군에 가담하여 활동 중 일본군에 피살.

이 강(1878~1954) 호 우산. 1902년 도미. 1905년 미국에서 항일독립운동을 하기 위해 공립협회를 설립하고 공립신문창간, 1906년 귀국하여 신민회에 가입. 1908년 블라디보스토크로 건너가 해조신문을 창간하였다가 운영난으로 폐간되자 대동공보를 창간하고 편집장 역임. 안중근의사의 의거를 물심양면으로 도우고 1919년 강우규의사의 의거에 연류되어 본국으로 압송. 석방 후 상해에서 흥사단과 한중협회 간부 역임. 광복 후 남산고교 교장 역임

이규풍(1865~1932) 일명 규목. 항일독립투사. 1908년에 안중근, 이범윤등과 함께 블라디보스토크에서 독립군을 조직하여 함북회령, 경원 등에서 일본군과 항전. 1919년 3·1운동 후 서울에서 열린 국민대회에서 박은식, 신재호 등과 함께 평정관에 선임.

1920년 만주 길림성에서 개최한 민족혁신대표자 대회에 참석 후 사회주의로 전향. 고려혁명당을 조직. 후에 민족진영과 사회주의 진영의 분열로 당의 기능이 마비되자 다시 시베리아로 돌아가 항일운동 전개

이범윤(1856~1940) 항일독립투사. 1907년 북간도 관리사 역임. 한일합방 후 귀국을 단념하고 동지들을 규합 의군부를 조직하여 독립운동을 하면서 서일과 김좌진의 북로군정서와 제휴 항일무장투쟁을 벌임. 1925년 중국에서 신민부가 조직되자 참의원 원장 역임. 1962년 대한민국 건국공로훈장 복장 수여.

이범진(1853~1911) 자는 성삼. 1895년 농상공부 협판으로 대신서리 역임. 을미사변으로 친일파가 득세를 하고 친로파가 숙청을 당하자 파면. 그 후 서구열강의 각국공사 역임. 1905년 러일전쟁이 일본의 승리로 끝나자 러시아로 망명.

이토히로부미(1841~1909) 본명은 하야시도시스케. 일본의 정치가. 메이지유신후 메이지헌법을 기초하고 초대수상 취임(총리대신 4회 역임). 1905년 을사늑약을 체결하고 초대통감에 취임. 1909년 조선통감을 사임하고 추밀원의장이 되어 만주시찰중, 1909년 10월 26일 하얼빈역에서 안중근의사에게 사살당함.

조도선(1879~?) 항일독립투사. 1895년 안중근을 만나 우덕순, 유동하와 함께 이토암살계획에 가담. 거사후 안중근과 함께 체포되어 1년 6개월 형을 선고받고 복역.

제1장
연해주의 혈사들

내 이름은 안중근이다

12인의 단지동맹(斷指同盟)

블라디보스토크 탈출

유동하와의 인연

출정(出征)을 앞두고

출정(出征)

회령(會寧)의 참패

날아든 소식

내 이름은 안중근이다

　1909년 2월, 이완용, 박제순 등 을사5적과 조선 침략의 원흉 이토 히로부미가 고종 황제를 협박하여 성사시킨 을사늑약의 체결로 한반도에 일제의 통감부가 설치된 지도 어언 4년!
　시베리아 동남쪽 끝, 꽁꽁 얼어붙은 두만강 건너 멀리 떨어진 러시아 땅 블라디보스토크의 어느 한적한 개척촌 마을 ….
　이 마을에서도 가장 외딴 곳에 있는 초라한 토담집 안에는 집주인 백규삼을 비롯하여 강만국, 이규풍 등 열한명의 젊은이들이 모여 이토의 폭거에 대해 울분을 터뜨리며 기울어져가는 조국의 장래를 걱정하고 있었다.
　그들은 정의감에 불타는 의병 동지들이었다.
　먼저 강만국의 입에서 불같은 노여움이 터져 나왔다.
　"백 동지, 정말 분하게 됐습니다. 우리가 고국 땅에만 있었어도 의주 땅으로 달려가서 이토란 놈을 압록강에 처박아 넣고 말았을텐데 말입니다."

"그렇소, 강 동지! 조금만 더 일찍 알았더라도…."

"그렇소이다. 정말 원통하기 짝이 없군요. 4년 전의 그 원한을 한꺼번에 설욕할 수 있는 좋은 기회였었는데."

강만국은 천재일우(千載一遇)의 기회를 놓친 것이 너무도 원통하다는 듯이 주먹을 불끈 쥔 채 낯을 붉혔다.

이 때 잠자코 듣고 있던 이규풍이 아랫 입술을 지그시 깨물며 좌중을 향해 입을 열었다.

"하지만 기회는 다시 올 것이오. 언젠가는 그 놈의 목을 달아맬 날이 올 것입니다. 반드시…!"

강만국은 한숨을 푸욱 내쉬었다.

수염이 더부룩하게 자란 열한명의 동지들은 저마다 뜨거운 입김을 내뿜으며 조국의 장래를 걱정하고 있었다.

이들의 분노는 한낱 어설픈 객기에서 나온 것이 아니었다. 그들의 번뜩이는 눈동자는 투지와 신념에 차 있었다. 그리고 무거운 침묵 속에 일제의 침략에 강력한 저항의 결의가 맺어져 있었다.

지금 이들은 조선 통감부의 치적을 과시하기 위해 서북지방 순행을 무사히 마치고 돌아간 이토 히로부미를 죽이지 못한 것을 끝내 원통해 하고 있었다.

이토는 이로부터 며칠 전인 2월 3일, 민정시찰이라는 허울 좋은 명분을 내세워 순종 황제를 강제로 대동하고 대구, 부산, 마산을 거쳐 평양과 신천, 의주, 개성을 마지막으로 남서지방과 서북지방 순행을 마쳤던 것이다.

이 때 블라디보스토크의 항구에서 긴 여운을 남기며 뱃고동소리가 들려왔다. 이미 해가 지고 땅거미가 지기 시작할 무렵이었다.

백규삼이 근심 어린 표정으로 좌중을 돌아봤다.

"아니, 그런데 안 동지가 어떻게 된 일입니까? 해질 무렵에 여기서 모이자고 해놓고는…."

백규삼이 말하는 안 동지란, 바로 안중근(安重根)을 가리키는 말이었다.

"글쎄 말입니다."

강만국이 고개를 갸우뚱거리며 대답을 하자 좌중에서 가장 연장자인 이규풍이 주위를 돌아보며 불안한 표정을 지었다.

"혹시 도중에 무슨 사고라도 생긴 것이 아닐까?"

그러자 백규삼이 고개를 가로저었다.

"그럴 리가 있을라구요, 여차하면 몇 놈쯤은 한 주먹으로도 해치울 수 있을텐데…."

이규풍의 얼굴에는 점점 더 어두운 그늘이 드리워졌다.

"정말 이상하군. 한 번도 약속 시간을 어긴 일이 없는 사람인데."

집주인 백규삼이 방 안을 둘러보며 여러 사람에게 물었다.

"안 동지만 빼놓고 다들 모인 셈인가요?"

"네, 열한명이 모두 다 모였습니다."

"음, 정말 이상한 일이로군."

방 안에 모인 열한명의 의병동지들의 얼굴에 차츰 불안과 초조의

빛이 짙어갔다.

백규삼의 집은 돌과 흙을 뭉쳐 바람벽을 쌓고 방바닥은 조선식 온돌로 만든 토담집이었다. 이 일대에는 이런 집이 1백여 호가 몰려 있었다.

당시 블라디보스토크는 일본 제국의 북진세력과 맞서는 제정 러시아의 극동 진출기지였으므로 이 곳에는 일제에 항거, 조국을 등지고 두만강을 건너오는 조선인 청년들의 발길이 끊이지 않았다.

울부짖음 같은 항구의 뱃고동소리도 잠이 든 밤 10시가 넘어서야 그들이 기다리고 있던 안중근이 비로소 백규삼의 집 문 앞에 나타났다.

백규삼은 발자국 소리가 들리자 재빨리 권총을 뽑아 들었다.

"누구시오?"

"백 동지!"

"누구시오?"

"나, 안응칠(安應七)이오!"

안중근이 나타나자 방안에 있던 사람들은 약속이나 한 듯 일제히 안도의 숨을 내쉬었다. 안응칠은 안중근의 아명(兒名)이었다.

"안 동지, 어서 들어오시오!"

안중근이 방안으로 들어오자 백규삼이 자리를 권하며 다급하게 물었다.

"도대체 어찌 된 일이오?"

안중근의 더부룩한 콧수염에는 얼음이 더럭더럭 붙어 있었다. 안중근이 방한모를 벗으며 대답했다.

"동지 여러분들을 기다리게 해서 정말 미안하오. 부둣가에서 웬 이상한 놈 한 놈을 만나서 처치하고 오느라구 시간이 좀 지체되었소"

안중근은 말을 하면서도 어이가 없다는 듯이 웃었다.

"이상한 놈이라니?"

"웬, 왜놈 한놈이!"

"그게 무슨 소리요?"

백규삼의 눈이 휘둥그레졌다. 방 안에 모인 동지들도 일제히 긴장을 한 채 안중근을 쳐다보았다.

"좀 더 자세히 말해 보시오. 그럼, 알렉세이 대좌는 만나지도 못했소?"

안중근은 어이가 없다는 듯이 다시 빙그레 웃었다.

"만났소. 그런데 그 알렉세이라는 자가 술집에 웬 왜놈을 데리고 오지 않았겠소!"

"알렉세이가 왜놈을?"

"그럼, 무기교섭이 실패로 끝났다는 말이오?"

안중근은 콧방귀를 뀌며 혼잣말처럼 중얼거렸다.

"흥! 덜 떨어진 자식 같으니라구…."

"대체 그게 무슨 말이오?"

안중근은 알렉세이 대좌를 만나서 겪었던 일들을 자세히 설명하기 시작했다.

그러니까 그 날, 1909년 2월7일 저녁 7시경의 일이었다.

안중근은 무기교섭을 위해 제정 러시아군 연대장인 알렉세이 대좌를 만나기 위해 블라디보스토크 시내에 있는 한 술집으로 갔다.

그 곳에는 이미 술에 취한 알렉세이가 어떤 사나이와 술을 마시고 있었다. 안중근은 알렉세이 대좌를 구석진 자리로 데리고 가서 마주 앉았다.

"그래, 내가 부탁한 무기는 어찌 되었소?"

안중근은 자리에 앉자마자 알렉세이를 다그쳤다.

그러자 알렉세이가 자기가 앉자 있던 자리를 바라보며 짐짓 웃음을 터뜨렸다.

"하하하…. 안 선생, 우리 골치 아픈 얘기는 나중에 하기로 하고 우선 술이나 한잔 합시다."

안중근은 알렉세이 대좌에게 단도직입적으로 말했다.

"알렉세이 대좌! 총 5백정만 주시오. 5연발 총도 좋고 14연발 총도 좋으니, 돈은 이미 준비가 되어 있소."

"쉿!"

알렉세이가 조용히 하라는 눈짓을 했다. 그러나 안중근은 개의치 않고 계속 말을 이어 나갔다.

"지난 번에 가져온 5연발짜리 40정은 모두 다 러일전쟁 때 쓰던 폐품이라 전혀 쓸모가 없는 것이었지만 대금은 정확히 지불하지 않았소!"

"가만, 가만! 우리 그 얘기는 내일 다시 하기로 합시다."

알렉세이는 안중근과 얘기를 하면서도 함께 술을 마시던 사나이에게 계속 신경을 썼다.

"대체 왜 그러시오?"

"요즘은 아주 귀찮아서…."

"귀찮다니?"

안중근은 그가 도무지 무슨 소리를 하는지 알아차릴 수가 없었다.

알렉세이는 술 냄새를 풍기면서 안중근을 불렀다.

"안 선생! 요즘은 블라디보스토크 주재 일본 영사관에서 매일같이 사람이 찾아온단 말이오!"

"아니, 일본 영사관에서 무엇 때문에 사람들이 찾아온단 말이오?"

안중근은 알렉세이와 함께 술을 마시던 사나이를 흘끔 쳐다보았다. 그 자는 아까부터 계속 이쪽을 노려보고 있었다.

알렉세이는 말을 계속했다.

"조선 의병들이 어디에 몇 명이나 있느냐, 무기는 얼마나 되느냐, 러시아 군대는 왜 조선인들에게 협조적이냐는 등등…, 하하! 어서 오십시오, 이토 선생!"

"음?"

알렉세이는 자기와 함께 술을 마시던 이토라고 불리는 사나이가 나타나자 갑자기 과장된 웃음을 터뜨리며 수선을 피웠다.

이토라고 불리운 사나이가 눈을 부릅뜨며 알렉세이 대좌의 옆자리에 앉았다.

"아니, 알렉세이 대좌님! 사람을 혼자 앉혀 놓고 이거 너무하시는 것 아닙니까?"

"하하, 미안합니다. 갑자기 친구가 찾아와서…."

이토는 안중근을 날카로운 눈초리로 쏘아보았다.

재빨리 그 눈치를 알아차린 알렉세이 대좌가 안중근에게 이토를 소개했다.

"안 선생, 인사하시지요. 이 분은 블라디보스토크 주재 일본 총영사관에 새로 부임해 온 이토 슈우사쿠 사무관입니다."

이토가 안중근에게 먼저 손을 내밀었다.

"하, 이토 슈우사쿠 올시다!"

그 순간, 안중근은 피가 거꾸로 솟는 것만 같았다. 아니 가슴 속에서 분노의 불꽃이 튀었다.

안중근은 더이상 그 자리에 앉아 있고 싶은 심정이 아니었다.

"알렉세이 대좌, 나는 그만 가 봐야겠소!"

"아, 그럼 나중에. 하하…!"

이토는 돌아서서 나가는 안중근의 뒷모습을 뚫어지게 쳐다 보며 알렉세이에게 물었다.

"조선인이오?"

"신경과민이시오."

"뭐라구요?"

"하하하…. 중국인 친구요. 안이라고 하는 친구요."

알렉세이는 이토에게 더 이상 설명하기가 귀찮아서 억지 웃음을 터뜨리며 얼버무렸다.

술집에서 나온 안중근은 길모퉁이에서 알렉세이와 이토가 나오기를 기다렸다.

날이 어두워지기 시작했다. 안중근은 추위에 떨면서도 끝까지 그 자리에서 꿈쩍도 하지 않은 채 그들이 밖으로 나오기를 기다렸다.

한참 후, 밤 9시가 지나서야 그들은 술집에서 나왔다. 그리고는 곧바로 서로 헤어졌다.

안중근은 부둣가로 걸어가는 이토 슈우사쿠의 뒤를 밟기 시작했다. 이토는 그것도 모르고 기분이 좋은 듯 흥얼흥얼 콧노래를 부르며 걸어가고 있었다.

안중근은 그의 뒤를 바싹 따라 붙었다.

혹한의 추위에다 밤이 늦은 탓인지 인적이 거의 보이지 않았다.

안중근이 이토의 어깨를 잽싸게 나꿔챘다.

"이봐!"

"뭡니까?"

이토의 얼굴에는 당황한 기색이 역력했다. 그는 재빨리 허리춤에 손을 가져갔다. 권총을 꺼내기 위해서였다.

그 순간, 안중근의 권총이 먼저 그의 가슴을 쿡 찔렀다.

"아, 아니…."

"움직이지 마!"

"그런데 당신은…?"

"다 알고 있다! 네가 영사관의 사무관이라는 것은 거짓말이지?"

"정말입니다."

▲ 안중근 의사 영정. 후암(厚岩) 이상원(李相元) 화백이 1970년 안의사 기념관 개관에 맞추어 그린 것으로 제작에만도 1년여간의 기간이 걸렸다. 120호(가로 130.3cm, 세로 193.9cm)의 대형크기

"거짓말하지 말라! 국경 수비대에서 이 곳 조선인들의 동태를 염탐하러 온 밀정놈이야! 첩보 헌병놈이 틀림없어."

이토는 잔뜩 겁을 집어먹고 아무런 대답을 못했다.

"…."

"멀지 않아 우리 의병들이 왜놈들의 두만강 수비대를 공격하려고 했는데 마침 잘 됐다!"

"…."

"네놈은 죽으려고 네 발로 이곳을 스스로 찾아온 놈이야."

이토는 공포에 질린 채 말까지 더듬거렸다.

"다, 다, 당신은 누구요?"

"나?"

"누, 누구십니까?"

"내 이름은 안중근이다! 아니, 이 곳에서는 안응칠이라고도 부르고 있다!"

"안중근?"

"그렇다! …탕!"

대답과 동시에 안중근의 권총이 불을 뿜었다.

단 한 발의 총성과 함께 일본 헌병 이토 슈우사쿠는 그 자리에서 숨을 거두었다.

안중근이 이야기를 마치자 방 안에 있던 동지들은 일제히 환성을 울렸다.

"안 동지, 잘 했소!"

안중근은 계면쩍다는 듯이 빙그레 웃음을 지었다.

"그래서 이렇게 늦은 것입니다."

강만국이 안중근의 손을 덥석 잡았다.

"안 동지! 정말 잘 하셨습니다! 오늘 밤 우리들의 단지동맹을 더욱 뜻 깊게 할 쾌거였습니다!"

안중근은 이야기를 마치고 품속에서 무엇인가를 꺼냈다. 태극기였다.

12인의 단지동맹(斷指同盟)

안중근은 오랫동안 자신의 품속에 고이 간직했던 태극기를 꺼내어 조심스럽게 책상 위에 펼쳐 놓았다. 방안에 있던 모든 사람들의 시선이 태극기로 쏠렸다.

그들은 태극기를 보는 순간 감정이 북받쳤다.

와락 눈물이 솟았다. 아, 태극기…!

무거운 침묵을 깨고 안중근의 굵직한 목소리가 방 안을 울렸다.

"동지들, 단지동맹을 합시다. 그리고 우리 다같이 우리나라의 국권회복을 위해 이 태극기에 혈서를 씁시다."

"그럽시다!"

모두들 숙연한 마음이 되었다. 안중근의 뒤를 이어 백규삼이 말을 이었다.

"오늘 밤 우리들의 단지동맹은 앞으로 편성될 3백여 명의 동지들과 함께 대한제국의 국권회복을 위해 모두 같이 죽을지언정 결코 혼자 살아남지 않겠다는 굳은 결의를 재확인하는 것이오!"

방 안에 모인 의병동지들은 다시 한번 결의를 다짐했다.

이윽고 안중근이 장도칼을 꺼내 들었다.

"내가 먼저 자르겠소!"

안중근은 방바닥에 왼손 약지를 가누어 놓고 독백을 하듯 말했다.

"우리가 죽을 각오로 나아간다면 두려울 것이 없으며, 절로 기력이 솟구치고 심기가 굳어질 것이오!"

그들은 한결같이 입술을 지그시 깨물고 있었다.

이윽고 안중근이 장도칼로 왼손 약지를 자르려는 순간, 밖에서 느닷없이 여인의 목소리가 들려왔다.

"여보세요!"

방안에 있던 사나이들이 일제히 긴장을 했다.

도대체 이 밤중에 누가 찾아온 것일까?

여인의 목소리가 다시 들려왔다.

"잠깐 실례하겠습니다!"

백규삼이 문밖에 있는 여인을 향해 조심스럽게 물었다.

"거 누구시오?"

"저, 여기 안 선생님이라는 분이 계시면…."

그러자 안중근은 바짝 긴장한 채 문 쪽을 바라보았다.

"누구시오?"

방 안에 있던 사람들은 순간 무서운 긴장감 속으로 빠져 들었다. 안중근이 문 밖의 여인에게 또 다시 물었다.

"누구시오?"

"저…, 대동공보사에 계시는 안응칠 선생님이 여기 와 계시다고 해서…."

백규삼이 다급하게 안중근에게 물었다.

"아니, 안 동지! 안 동지가 지금 우리 집에 와 있다는 것을 아는 사람이 있소?"

"글쎄…?"

어느 틈에 강만국이 권총을 뽑아들고 자리에서 황급히 일어섰다.

"안동지 내가 나가 보겠소."

"잠깐!"

안중근이 강만국을 가로막고 나섰다.

"나를 찾아온 사람이니 내가 나가겠소. 동지들은 경계를 하시오."

"이상한 일이로군. 이 블라디보스토크에 안 동지를 아는 여자가 있다니…."

고국 땅으로 왜병을 쳐부수러 가려는 거사를 앞두고, 죽음을 같이 하겠다는 의병동지들의 피 끓는 맹세는 뜻하지 않은 사태로 잠시 중단되었다.

백규삼이 밖으로 나가려는 안중근을 붙잡았다.

"안 동지!"

"…."

"필경 안 동지를 미행한 자가 있었던 것 같소."

"미행?"

"여기 우리가 모여 있다는 것을 아는 사람이 있을 리 없고, 또 여자 혼자서 안 동지를 찾아왔을 리도 없소!"

"그렇다면…?"

"알렉세이 대좌가 사람을 딸려 붙인 것이 아닐까?"

"알렉세이…? 그럴 리 없소. 그 자가 부대 쪽으로 돌아가는 것을 확인한 다음, 이토 슈우사쿠라는 자를 따라가 해치웠는데."

"그렇다면 바다에 처넣었다는 이토란 왜놈이 살아나서…?"

"그럴 리는 없소."

"그렇다면 대체 누구란 말이오?"

"모두들 잠깐만 기다려 주시오."

마침내 안중근이 문고리를 벗기고 벌컥 문을 열었다. 밖에는 어느 틈엔가 눈이 내리고 있었다. 문이 열리자 눈 속에서 저만치 물러서 있던 한 여인이 안중근에게 다가왔.

안중근이 잔뜩 긴장을 한 채 여인에게 물었다.

"누구시오?"

"아, 죄송합니다."

"누구시오? 대체…."

"저, 대동공보사에 계시는 안응칠 선생님을…."

"어디에서 오셨소?"

"마트로스카야 가(街)에서…."

"마트로스카야?"

"최석도 씨라고…, 최석도 씨가 제 아버님이십니다."

"…."

"지금 저기 아래에 와 계십니다."

"아니, 최석도 선생님이 여기까지 오셨단 말이오?"

안중근이 블라디보스토크에 온 이후 적지 않게 신세를 지고 있는 최석도, 그는 마트로스카야에서 대동공보사 보급소를 경영하고 있는 우국지사였다.

안중근이 밖으로 나가자 먼 발치에서 기다리고 있던 최석도가 급히 다가왔다.

안중근이 최석도를 보자 먼저 그를 불렀다.

"최 선생님!"

"이제야 겨우 찾았군!"

"최선생님께서 어떻게 여기를…?"

"안 동지, 오늘 밤 못 만나면 어쩌나 했소."

최석도는 안중근 보다 30여 세나 위인 60대의 노인이었다.

"안 동지! 우리 아이하고 2시간도 넘게 여기를 찾아 헤맸소. 아, 혜란아 이리와서 안선생께 인사 드려라!"

최석도가 안중근에게 자기 딸 최혜란을 소개했다.

"안녕하세요? 선생님, 저 최혜란입니다."

"아, 대동공보사의 이강 주필님께서 늘 칭찬하시던 혜란 양이 바로…."

"저도 안 선생님 말씀은 많이 들었습니다."

"혜란 양 그런데 어떻게 여기를…?"

"안 동지!"

"예, 선생님!"

최석도는 북받치는 감정을 억누르며 매우 어렵게 말을 꺼냈다.

"나를 늙었다고 괄시하지 말고, 나도 동지들의 동맹에 가담하게 해 주시오!"

"예에?"

"안 동지, 그렇게 해 주시오!"

"아니, 선생님!"

"안 동지가 어제 나 같은 사람을 믿고 무기구입건을 의논해 왔을 때부터 결심하고 있던 일이오."

"선생님! 그러나…."

"안 동지, 여기서 이럴 것이 아니라 나를 어서 동지들이 있는 곳으로 안내해 주시오. 내 딸아이도 함께 말이오!"

안중근은 최석도의 부탁을 듣고 매우 난처했다. 그러나 최석도 노인의 뜻은 간곡했다.

"어제 안 동지한테서 얼핏 들은 백규삼 동지의 집을 찾느라고 이곳 마트로스카야 슬라보드카 거리를 2시간이나 헤맨 사람을 이대로 쫓아버리지 마시오!"

"그러나 선생님! 선생님은…?"

"안 동지, 내 비록 늙었어도 아직 총을 잡을 힘은 있소. 어서 나를 동지들에게 안내해 주시오!"

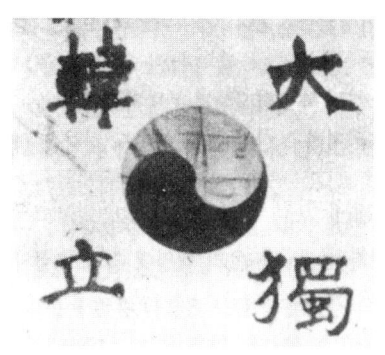 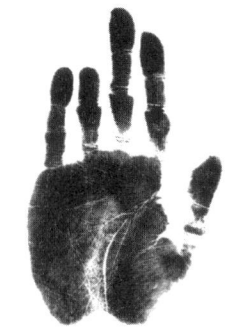

▲ '단지동맹' 때 안 의사가 태극기에 쓴 혈서　　▲ 안 의사의 좌수인(佐手印)

"알겠습니다."

최석도 노인의 끈질긴 간청에 안중근은 더 이상 어쩔 수가 없었다.

얼어붙은 이국 땅, 블라디보스토크 항구, 어느 한적한 개척촌 마을에서는 이렇듯 조국을 향한 뜨거운 피가 끓어오르고 있었다.

방안으로 들어온 최석도가 자기도 단지혈맹에 가담시켜 달라고 간곡히 부탁을 하자, 안중근과 백규삼 등은 이번 거사가 최석도와 같은 노인에게는 무리라고 생각했다.

"선생님, 아무래도…."

"거절하지 말아 주시오. 내가 20년 전에 떠나온 고향이 바로 경원(慶源) 땅이오. 마침 여러분들이 그 곳으로 쳐들어간다고 하니 그 곳 지형에 밝은 나 같은 사람이 꼭 필요하리라 믿소."

"선생님, 다시 한 번 생각해 보십시오. 저희들과 행동을 같이 하시는 것은 무리입니다. 우리에겐 3백여 명이나 되는 젊은 동지들이 있습니다. 그리고 또 두만강을 건너는 즉시 이범윤 장군께서 지휘하는 부대와 합류하기로 되어 있습니다."

안중근이 이와 같이 말하자 최석도 노인은 자기를 가담시켜 주지 않으면 자기도 무기 구입건에 협조하지 않겠다고 억지를 썼다.

"그렇소. 무기 구입건으로 안 동지에게 알렉세이 대좌를 소개해 주기는 했지만, 그 자에게서 꼭 무기를 구입할 수 있다고 장담할 수는 없소. 그래서 나는 다른 경로로도 교섭을 하고 있소이다. 그런데 이러한 나를 빼놓으시겠다는 거요?"

"아니, 최 선생님!"

"안 동지, 제발 내가 딸아이와의 약속을 지킬 수 있도록 도와 주시오!"

"아니, 그건 또 무슨 말씀이십니까?"

"나는 오늘 내 딸아이와 약속을 했소이다. 내가 안 동지를 따라 경원 땅으로 출정했다가 돌아오는 날, 딸아이가 한 번도 가 보지 못한 이 애비의 고향 땅에서 흙 한 줌을 가져다주겠다고 하였소."

그러자 그 때 까지 그들의 대화를 잠자코 듣고만 있던 최혜란이 그들에게 간곡히 부탁을 했다.

"안 선생님, 그리고 여러 선생님들! 부디 제 아버님의 청을 들어 주십시오!"

최석도 다시 한 번 애원하다시피 부탁했다.

"그래서 이 늙은 애비만을 의지하고 살아온 저 아이도 허락을 하고 약속했던 것이오."

백규삼이 감정이 북받친 듯 큰 소리로 안중근을 불렀다.

"안 동지 그리고 동지여러분! 그렇게 합시다. 최 선생님을 우리 대열에 같이 모십시다!"

"동지들, 그렇게 하십시다!"

"좋습니다!"

모두가 찬성이었다. 그러자 최석도 노인이 감격을 한 듯 떨리는 목소리로 말했다.

"고맙소, 오늘 밤 여러 동지들과 죽음을 같이 하겠다는 단지동맹에는 내가 제일 먼저 앞장을 서겠소. 칼을 이리 주시오!"

"여기 있습니다. 선생님!"

"음…, 태극기에다 맹세를 합시다!"

최석도 노인이 맨 먼저 손가락을 잘랐다. 최석도 노인의 뒤를 이어 안중근이 단지를 했다. 안중근은 자신의 잘린 손가락에서 흘러내리는 피로 책상 위에 펼쳐진 태극 깃발 위에 '大韓獨立(대한독립)'이라고 네 글자의 혈서를 썼다.

안중근의 뒤를 이어 백규삼, 이규풍, 강만국, 우덕순, 조도선, 김기열, 백낙길, 박근식, 김태련, 안계린, 이주천이 뒤를 이었다.

블라디보스토크 탈출

다음 날인 2월 8일 저녁.

안중근은 알렉세이를 다시 만나 무기교섭을 담판 짓기 위해 마치와야 거리에 있는 술집으로 갔다. 그러나 알렉세이의 태도는 어제와는 전혀 딴판이었다.

"아니, 안 선생은 신문사에 계시는 분이라 그렇게 무모할 것이라 생각지 않았는데, 왜 그런 무모한 일을 하셨습니까?"

"아니, 알렉세이 대좌! 그게 무슨 말씀이시오?"

"더이상 말하지 않겠습니다!"

"예에?"

"어젯밤 여기서 만났던 이토라는 사무관을 어떻게 하셨소?"

"예?"

알렉세이의 예기치 않은 질문에 안중근은 저으기 놀랐다.

"오늘 아침 부둣가에서 시체로 떠올랐더군요."

"아니, 그건….”

"우리 무기교섭 건은 없던 걸로 해야겠습니다.”

"아니, 알렉세이 대좌!”

"안 선생도 잘 아시지 않습니까? 우리 러시아는 러일전쟁 후 어쩔 수 없이 모든 문제를 일본국에 협조하고 있는 입장입니다. 그런데 공적인 업무로 나를 만나러 왔던 일본 영사관의 사무관이 그렇게 시체로 발견되었으니 내 입장이 무척 어렵게 되었습니다.”

"그러나 그건….”

"안 선생, 어쩔 수 없이 내가 안 선생을 경찰에 고발했소!”

"뭐라구?”

순간, 안중근의 얼굴이 무섭게 굳어졌다. '여우 새끼 같은 러시아 놈'이라는 소리가 목구멍까지 치미는 것을 가까스로 참았다.

"그러나 안 선생을 소개해 준 최석도 씨와의 관계도 있고 해서 미리 알려 드리는 것이니 어서 여기를 피하시오!”

"예?”

"곧 경찰이 이리로 올 겁니다!”

"아니, 그럼 당신이 나를 경찰에…!”

"그래서 이렇게 사전에 알려 드리지 않습니까. 내 입장이 되어 보십시오. 자, 그럼 나는 이만 가 봐야겠습니다.”

알렉세이는 서둘러 일어나 자리를 떴다.

"아니, 알렉세이! 알렉세이 대좌…!”

안중근은 너무도 어이가 없어서 알렉세이의 뒤를 따라 곧바로 술집

밖으로 뛰어나갔다. 그러나 알렉세이의 모습은 어디에서도 찾아볼 수 없었다.

알렉세이 대좌를 찾기 위해 사방을 두리번거리고 있는 안중근 앞에 마차 한 대가 급히 달려와 멈췄다.

안중근이 순간적으로 몸을 피하려고 하자, 마차 문이 열리면서 한 여인이 안중근을 다급히 불렀다.

"선생님!"

안중근을 다급히 부른 여인은 간밤에 만났던 최석도 노인의 딸 최혜란이었다.

"아니, 혜란 양!"

"아무 말씀 마시고 어서 마차에 타세요. 어서요!"

안중근이 서둘러 마차에 오르자 최혜란이 마부에게 큰 소리로 외쳤다..

"마트로스카야!"

마차가 저만큼 달리고 나서야 문이 쾅하고 닫혔다. 워낙 순식간에 일어난 일이라 안중근은 한동안 어리둥절했다. 달리는 마차 안에서 최혜란이 안중근에게 물었다.

"알렉세이 대좌는 만나셨어요?"

"아니, 그런데 혜란 양이 그걸 어떻게?"

"하마터면 러시아 경찰에 붙잡히실 뻔했어요."

"어떻게 된 일이죠? 알렉세이란 자가 고발을 했다는데."

"지금 러시아 경찰이 안 선생님을 쫓고 있어요. 선생님은 지금 곧 블라디보스토크를 떠나셔야 할 것 같아요!"

"음, 최 선생님이 혜란 양을 보내시던가요?"

최혜란은 안중근을 바라보면서 아무 말도 없이 품 속에서 한통의 편지를 꺼내 주었다.

"아버님이 주시더군요."

안중근은 급히 편지를 뜯어 보았다.

『안 동지! 미안하오. 사정이야 어떻든 이 편지를 받는 즉시 알렉세이 대좌와 헤어지시오. 그리고 나서 나머지를 읽어 주시오!』

서두부터가 이렇게 급했다.

"그럼 혜란 양, 최 선생님께서는 알렉세이가 나를 경찰에 고발했다는 것을 이미 알고 계셨군요."

"그래서 제가 온 거예요."

"고맙소이다, 혜란 양!"

안중근은 다시 최석도 노인의 편지를 펼쳐들었다.

『이 곳의 노아(러시아) 관헌들과 일본 관헌들이 곧잘 내통한다는 것은 잘 알고 있었지만, 알렉세이는 믿었었소. 그동안은 아무 탈 없이 거래가 이루어졌기 때문에 안심하고 소개를 했던 것인데, 요즈음에 와서 일본 영사관의 콧김이 세어진 탓인지 알렉세이가 변절을 한 것 같소.

블라디보스토크 헌병사령관 미하일로프 대좌로부터 오늘 아침 알렉세이가 안 동지를 경찰에 고발했다는 소식을 듣고 이 편지를 쓰는 것이오.

어젯밤 안 동지가 일본 영사관의 밀정 하나를 사살해 바닷물에 처넣었다는 혐의를 받고 있는 것 같소. 시간이 더 지나면 앞으로의 활동에 지장이 생길 듯하니, 이 편지를 받는 즉시 블라디보스토크를 떠나시오. 그리고 동지들이 있는 엔치야로 가시오.

그러면 내가 미하일로프와 교섭이 되는대로 무기를 가지고 곧 그리로 가겠소. 이번엔 꼭 성공할 것 같소. 5연발 총 하나에 실탄 400 발을 포함해서 4원 50전으로 가격까지 합의를 보았으니 틀림없을 것 같소.

혜란이가 타고 간 마차의 마부는 믿을만한 사람이니 그 마차 편으로 엔치야까지 가도 좋을 거요. 그럼, 다시 만날 때까지 무사하기를 빌겠소.』

안중근은 최혜란에게 다시 한 번 감사의 인사를 했다.

"고맙소이다, 혜란 양!"

"선생님, 이제부터 어떻게 되시는 거지요?"

"음, 글쎄요…."

"이 길로 곧 떠나셔야 하나요?"

그녀의 얼굴은 감정이 북받친 듯 매우 상기되어 있었다. 안중근은 최혜란의 상기된 얼굴을 바라보자, 문뜩 이국 땅에서 새삼 동포 여인의 따스한 연민의 정을 느끼는 듯 했다. 한참을 가다가 안중근이 최혜란을 돌아보며 말했다.

"아, 혜란 양은 여기서 그만 내리는 것이 좋을 것 같소."

"제 걱정은 하지 마세요."

"예?"

"끝까지 모셔다 드리라고 하셨는걸요."

"아니, 엔치야 까지요? 아니, 혜란 양이 그 먼 곳까지 어떻게…."

안중근이 눈을 크게 뜨자 혜란은 재미있다는 듯이 천진스럽게 웃었다. 그러나 곧 정색을 하고 말했다.

▲ 안 의사가 자란 황해도 신천군 두라면 청계동 전경(홍석구 신부와 안 의사).

"선생님, 걱정하지 마세요. 가자고 하셔도 거기까지는 저도 따라가지 못합니다."

"그러면?"

"오늘 엔치야로 떠나시려면 숙소로 가셔서 간단하게나마 짐을 챙기셔야 하지 않나요?"

"물론 그래야지요…."

"혹시 러시아 관헌들의 손이 이미 거기까지 뻗쳐 있을지도 모르니까 아버지께서 저보고 안선생님의 짐을 챙겨 드리라고 하시더군요."

안중근은 그 말에 묵묵히 고개를 끄덕였다.

"그래서 마차를 신문사로 가라고 한 거예요."

"고맙습니다, 혜란 양!"

"안 선생님, 여기서 부르는 제 이름은 나타샤예요. 앞으로는 나타샤 라고 불러 주세요!"

제1장 연해주의 혈사들 37

"아, 나타샤!"

"선생님도 이름이 두 가지 아닌가요? 안응칠과 안중근."

"또 하나 더 있습니다."

"또요?"

"도마요!"

"도마?"

"천주교 세례명이지요."

"아, 선생님은 천주교인이세요?"

"예, 어렸을 때 세례를 받았습니다. 황해도 신천(信川)에서죠. 홍 신부님에게 받았는데 아주 훌륭한 불란서인 신부님이지요."

"그럼, 신천이 본댁이신가요?"

"지금은 진남포(鎭南浦)에 있습니다. 내 아내 되는 사람도 지금은 그곳에 있지요."

"자녀들도 있으세요?"

"셋 입니다. 사내 녀석이 둘, 계집아이 하나….”

"명절 때가 되었으니 아이들이 아버지를 기다리겠네요."

"아마 그렇겠죠. 지금쯤 아내가 설빔이나 제대로 차리고 있는지 모르겠군요. 왜놈들이 나라를 강탈해간 다음부터는 설마저도 저희 나라처럼 양력과세를 하라고 강요하고 있으니….”

"저는 어려서부터 아버지하고 단 둘이서만 살아왔어요."

성당의 종소리가 가까이서 들려왔다.

"아, 벌써 니콜라이 성당을 지나온 것 같군요."

"…."

두 사람이 탄 마차가 이윽고 대공공보사 근처에서 멈춰섰다.

"혜란 양! 그럼, 수고를 좀 해 주셔야겠습니다."

"네!"

"혹 신문사에 경찰이 왔었는지 알아보시고 이강 주필님께 내가 마차에서 기다리고 있다고 말씀드려 주시오. 그리고…."

"어려워하지 마시고 말씀하세요. 제가 할 일을."

"홀아비가 쓰던 방을 보이게 되서 안됐지만 숙직실 옆 내 방으로 가셔서 의복 두어 벌만 챙겨 주십시오."

"알겠어요!"

"그리고 또 하나, 서랍을 열면 일기책과 권총 한 자루와 탄환이 있을 겁니다. 그것도 좀 갖다 주십시오."

최혜란이 조용히 마차 문을 열었다.

"잠깐!"

"네?"

"만일 신문사 안에 경찰이 기다리고 있으면 적당한 방법으로 마차를 떠나게 해 주시오. 그리고 나는 요 위에 코삭크라는 찻집이 있는데 그곳에서 기다리겠습니다."

"네, 알겠어요!"

최혜란이 재빨리 마차에서 내렸다.

마차에서 내린 최혜란이 대동공보사로 뛰어 들어가 막 편집국 문앞에 이르렀을 때였다.

"아니, 혜란 양!"

"어머!"

백규삼과 마주친 최혜란은 기절을 할 듯이 놀랐다.

"혜란 양! 안 동지는 지금 어디 있습니까?"

백규삼은 겨우 들릴 듯 말 듯한 작은 소리로 다급히 물었다.

"저, 저기서 지금…."

"어디요? 빨리 피해야 합니다. 빨리."

"네?"

"경찰이 와서 기다리고 있으니까, 어서."

"아니, 벌써요?"

"어서!"

"하지만 짐을 챙겨야 하는데…."

"내가 대신 챙겨 가지고 나왔으니, 어서 나갑시다."

이미 러시아 경찰이 안중근을 체포하려고 대동공보사에 와서 기다리고 있었던 것이다. 최혜란의 도움으로 위기를 벗어난 안중근은 백규삼의 기지로 두 번째 위기를 가까스로 넘겼다.

그러나 안중근, 백규삼, 최혜란 세 사람이 신문사에서 조금 떨어진 코삭크 찻집으로 들어갔을 때 그 곳에서는 대동공보사 주필 이강이 슬픈 소식을 가지고 그들을 기다리고 있었다.

"안 선생, 앉으십시오!"

"죄송합니다, 선생님!"

안중근은 이번 일에 차질이 생기게 된 것이 마치 자신의 잘못인 듯

이강에게 사죄를 했다.

"저는 지금 곧 엔치야로 떠나야 할 것 같습니다."

"방금 엔치야에서 소식이 왔소. 불행히도 유인석 장군님이 왜놈들에게 붙잡히셨다고 합니다."

"예? 유인석 장군께서?"

안중근은 자신도 모르게 한숨을 쉬었다.

"아니, 왜놈에게 잡히셨다는 게 사실입니까?"

"그렇습니다."

안중근과 백규삼은 유인석 장군의 명운을 빌기라도 하듯 잠시 허공을 쳐다 보았다.

"두 달 전에 떠나신 이후 소식이 없다 했더니, 기어코 변을 당하셨군요."

"러시아 신문 기자들이 확인한 사실이니 틀림없는 것 같습니다."

"유인석 장군님께서 어쩌다가 왜놈들에게 잡히셨는지?"

"자세한 것은 차후에 전해 주겠다고 하였습니다."

"저 역시 지금 쫓기고 있는 몸입니다만, 정말 안타까운 일입니다."

답답해하는 안중근의 얼굴을 말없이 지켜보던 최혜란의 얼굴에도 무언지 모를 초조감이 역력했다.

"유인석 장군이라면 어떤 분이신가요?"

이강과 안중근이 최혜란에게 유인석 장군에 대해 설명을 해주었다.

"음, 혜란 양 그 분에 대해 아는바가 없을거요?"

"예, 전혀…."

"우리 10여만 해삼위(海蔘威:블라디보스토크) 동포들은 모두가 알아두어야 할 분이오!"

"유 장군은 지난 을미년에 충청도에서 봉기하여 왜적과 싸우시던 어른이십니다."

"그렇소. 바로 그 해 명성황후께서 시해되실 때 의병을 일으켰던 창의대장(倡義大將) 이었으나, 초산(楚山)에서 왜군에 패하여 여기까지 오시게 되었소. 그래서 해삼위의 동지들이 유인석 장군을 모셔다가 팔도의병도총재(八道義兵都總裁)로 추대했소. 그러나 의병을 규합하고 훈련을 하기까지는 상당한 시일이 걸리는 관계로, 그동안에 국내에 들어가 의병자금을 구하려고 떠나셨는데, 그것이 두 달 전이었소."

"그동안에 여기 있는 백규삼 동지와 내가 무기와 탄약을 구입하기로 하고, 지금 엔치야에 있는 이범윤 장군께서는 의병모집과 훈련을 책임지면서, 유 장군의 통보를 기다렸다가 두만강변에서 모두 합세하기로 했던 것이오."

그 때까지 묵묵히 얘기를 듣고 있던 최혜란이 불안한 듯 안중근을 쳐다보며 물었다.

"그러면 안 선생님, 이번 작전은 처음부터 차질이 생긴 것이군요?"

"그렇습니다. 그러나 혜란 양의 아버님이 우리 대열에 적극 참여하시기로 하고, 또 오늘은 무기구입을 무난히 성사시킬 수 있다고 하셨으니 과히 실망하지 않아도 될 것 같소."

"그렇지. 그리고 또 혜란 양이 이렇게 안중근 동지의 위기를 모면하게 해 주었으니…."

"저야 뭐, 아버님의 심부름으로 그저…."

그러자 이강이 고개를 가로 저으며 말했다.

"그렇지 않소! 이 블라디보스토크라는 곳은 항상 위험이 따르는 곳이오. 일본 놈의 밀정들이 들끓고, 러시아 관헌들과 일본 관헌들의 뒷거래가 성행하는 이 곳에서는 자신의 강한 의지가 없이는 어떠한 일도 할 수 없는 실정이오. 10여만 명이나 되는 우리 동포들이 모두 의병대열에 참여하지 못하고 있는 현실이 그것을 잘 설명하고 있소."

"그렇습니다."

이 때 신문사 직원 김군이 급히 찻집으로 뛰어 들어왔다.

"안 선생님, 어서 여기를 떠나십시오. 경찰이 신문사 일대를 수색하러 나올 것 같습니다!"

"뭐라구?"

"놈들이 신문사 안을 샅샅이 뒤지고 나서 본서에 보고를 하더군요."

러시아 경찰은 안중근이 기거하던 방에서 짐이 없어진 것을 발견하고는 곧바로 본서에 보고을 했다. 그러자 본서에서 신문사 부근을 샅샅이 수색해 보라고 했다는 것이다. 그러한 사실을 알게 된 신문사 직원 김군이 뒷문으로 급히 빠져나와 지금 코삭크 찻집으로 달려온 것이다.

안중근이 자리에서 일어섰다.

"여러분, 그럼 뒷일을 부탁하겠습니다!"

"잠깐, 이렇게 합시다. 김 군, 자네는 지금 여기서 신문사에 전화를 걸어 그 자들에게 내가 곧 돌아올 거라고 하면서 시간을 끌도록 하게!"

이강은 직원에게 전화를 걸게 하고 백규삼, 안중근과 함께 마차를 같이 타고 시내를 빠져나갔다가 돌아오기로 했다. 그 때까지 러시아 경찰들을 신문사에 묶어 두기 위해서였다.

그 자리에 있던 최혜란이 같이 따라 나섰다.

"선생님, 저도 함께 가겠어요!"

"혜란 양은 여기서 헤어집시다."

"아니예요. 안 선생님! 제가 같이 가야 해요. 만일의 경우 검문을 당하더라도 저는 이곳 태생이므로 말도 잘 통하고 얼굴을 아는 경찰들도 많이 있으니 반드시 도움이 될 거예요."

네 사람은 서둘러 마차에 탔다. 잘 보이지 않는 뒷자리에 안중근과 백규삼이 앉고 앞자리의 문 옆에는 이강과 최혜란이 앉았다.

과연 최혜란은 매우 중요한 역할을 했다. 마차가 시내를 빠져나가기도 전에 러시아 경찰로부터 검문을 당했다. 그러자 최혜란은 검문을 하고 있는 러시아 경찰들에게 큰 소리로 호통을 쳤다.

"뭐예요?"

"미안합니다. 잠깐 조사해야 할 일이 있어서."

"뭐라구요? 이건 미하일로프 대좌의 마차예요. 무슨 이유로 그러는지는 모르지만 대좌가 알면 매우 불쾌하게 생각할 거예요."

"예? 미하일로프 대좌요?"

경관은 주춤하고 물러서더니 마치 상관을 대하듯 최혜란에게 경례를 붙였다.

"죄송합니다. 어서 가십시오."

최혜란이 미하일로프 대좌를 들먹이자 검문을 하던 러시아 경찰들은 크게 당황을 했다. 아마 그녀가 미하일로프 대좌의 정부라도 되는 줄 알았던 모양이었다.

미하일로프 대좌는 블라디보스토크 항만기지 헌병 사령관이었다.

"고맙소이다, 혜란 양! 혜란 양에게 오늘 두 차례나 큰 도움을 받았습니다."

안중근이 최혜란에게 고마움을 표하자, 백규삼이 안중근에게 물었다.

"그런데 미하일로프 대좌라면?"

"아, 최석도 선생님이 지금 무기를 교섭하고 있는 바로 그 자요. 백동지는 무기가 입수되는대로 최 선생님과 함께 곧바로 엔치야로 오시오."

"알겠소!"

"이제 시내를 거의 빠져 나온 것 같군."

"조금만 더 모셔다 드렸으면 좋겠어요."

이 때 안중근이 이강을 바라보면서 부탁을 했다.

"제가 떠난 다음에 혜란 양을 신문사의 탐보원(探報員:신문기자)으로 채용해 주십시오."

"그건 무슨 뜻이오?"

"우리 대동공보사의 마트로스카야 보급소는 어차피 문을 닫아야 할 것 같습니다. 최석도 선생님이 우리와 함께 일하시게 되면 혜란 양이 혼자서 보급소 일을 맡아서 하기는 힘들 것입니다. 그러니 혜란 양이 차라리 본사에서 이 선생님을 직접 돕는 것이…."

"잘 알겠습니다."

"혜란 양도 그렇게 해 주리라고 믿습니다."

"고맙습니다. 선생님! 제가 비록 여자이기 때문에 아버지처럼 총을 잡고 싸우지는 못하지만, 여러분들을 위하고 조국을 위하는 일이라면 무엇이든지 하겠습니다."

이윽고 마차가 시외로 멀리 빠져 나오자 이강이 안중근을 불렀다.

"안 선생, 우리는 여기서 그만 내려야겠습니다."

이강과 백규삼, 최혜란 이들 세 사람이 모두 마차에서 내렸을 때는 어느덧 날이 어두워져 있었다.

안중근이 그들을 돌아보며 말했다.

"여러 가지로 고마웠습니다."

안중근이 이강에게 작별인사를 하고 백규삼의 손을 덥석 잡았다.

"백 동지, 먼저 가서 기다리겠소!"

"무사히 엔치야에 도착하길 빌겠소!"

안중근이 이번에는 최혜란에게도 작별인사를 했다.

"혜란 양, 이번에 우리가 출병을 하면 당분간은 혜란 양을 못 만날 겁니다."

"여러분들의 무운(武運)을 빌겠어요!"

최혜란의 눈시울이 잠시 젖는 듯했으나 곧 밝게 웃으며 안중근을 쳐다보았다.

1909년 2월 18일, 안중근은 블라디보스토크를 무사히 탈출하여 엔치야로 향했다.

유동하와의 인연

이틀 뒤인 2월 20일 해질 무렵.
먼지를 뽀얗게 뒤집어쓴 안중근의 마차가 엔치야 서북방, 의병들의 훈련장이 있는 산 속으로 들어가고 있었다.
마차가 느린 속도로 울창한 침엽수림 속을 헤치며 천천히 산비탈을 올라가고 있을 때였다.
"탕, 탕!"
갑작스런 총성에 말이 놀라면서 마차가 멈추자, 털옷을 입은 사나이가 안중근의 마차로 다가와 잽싸게 마차 문을 열고 총구를 들이댔다.
"누구야?"
"동지, 총을 거두시오!"
"예?"
"나, 안중근이란 사람이오. 안응칠이라고도 하고…."
"아, 안 선생님!"

총을 들이대고 행선지를 묻던 사나이가 안중근을 보고 감격을 한 듯이 말했다.

"안 장군님, 어서 오십시오! 이범윤 장군님으로부터 말씀 많이 들었습니다!"

"아, 새로 들어온 동지구려!"

"그렇습니다. 유동하라고 합니다."

"핫하…. 반갑소. 유 동지! 우리 동지들의 기습하는 솜씨가 이렇게 대단한 줄은 몰랐소."

"뭐, 이런 것쯤은 아무 것도 아닙니다!"

"마음 든든한 일이오. 어서 막사가 있는 곳으로 안내를 해주시오!"

"예! 그렇잖아도 이범윤 장군님께서 이틀 전부터 안 선생님을 기다리고 계십니다. 짐을 이리 주십시오."

저 멀리 훈련장에서 총격소리가 간간이 들려왔다. 이 때 엔치야에는 7백여 명의 의병들이 이범윤 장군의 지휘 아래 맹훈련을 하고 있었다.

본부에 도착하자 이범윤이 막사에서 뛰어 나오며 안중근을 반겼다.

"어서 오시오."

"장군님! 비보와 낭보 두 가지 소식을 가지고 왔습니다."

"비보와 낭보?"

"안타깝게도 유인석 장군님께서 놈들에게 잡히셨답니다."

"뭐라구?"

"원통한 일입니다. 여기서도 러시아 놈들을 극력 경계해야겠습니다."

"음, 죽일 놈들!"

"그리고 기쁜 소식은 해삼위의 최석도 선생이 5연발 소총 4백정을 구해가지고 곧 이리로 올 것입니다."

"그게 정말이오?"

무기가 도착한다는 말을 듣고 이범윤은 안중근의 손을 덥썩 잡았다.

"좋소, 좋아! 안 동지, 무기가 도착하는 대로 유 장군의 원수를 갚으러 떠납시다!"

러시아령 연해주의 유일한 의병기지 엔치야에 도착한 안중근은 그날부터 이범윤과 더불어 7백여 명의 의병들을 맹훈련시키는 한편, 가까운 한인부락을 찾아다니며 군자금과 의병을 모으기 위해 동분서주했다.

"여러분! 지금 우리의 조국은 왜놈들에게 약탈당하고 있습니다. 이 어찌 통탄할 일이 아니겠습니까? 우리는 그동안 수없이 많은 의병을 일으켜 일본 관헌과 수비대를 공격하였으나 군자금과 무기가 모자라 실패한 적도 또한 여러 차례였습니다. 여러분의 힘을 모아 주십시오."

안중근은 최석도 노인이 도착하기 전까지 2개월 동안을 이렇게 보내고 있었다. 엔치야 거리에서 안중근의 정식 계급은 참모중장(參謀中將)이었다.

▲ 의병투쟁 무명용사들과 그들이 사용한 각종 무기류

안중근이 엔치야로 오기 이전, 이범윤 장군 휘하의 의병들은 지난해인 1908년 7월의 대진격 이후 비록 산발적이긴 하나 수시로 두만강을 건너 국내 침투작전을 꾸준히 전개하고 있었다.

한편, 안중근이 엔치야로 오던 날 마차를 검문했던 유동하는 안중근의 연락병이 되었다. 그는 자청하여 안중근의 연락병이 된 이후 안중근으로 부터 사격술을 배우느라 여념이 없었다.

"동하, 너도 그만하면 됐다!"

"아닙니다. 장군님처럼 백발백중의 명사수가 되려면 아직 멀었습니다."

유동하는 또 두세 발을 쏘았다.

"음, 왜놈들에게 퍼부을 총탄이니 총알을 아끼거라!"

▲ 안 의사의 아버지 안태훈 진사. 어머니 조 마리아 여사.

"장군님! 장군님께서는 15살 때 이미 사냥의 명수라고 소문이 나셨다죠?"

"누가 그러던가?"

"이범윤 장군님께서 말씀하시더군요. 빨간 두루마기에 담방 총이란 걸 메고 사냥을 나가시면 어른들도 못 잡는 산돼지며 노루 등을 한 짐씩 잡으셨다고, 황해도 일대에서 모르는 사람이 없을 정도로 유명한 명포수였다고요."

"하핫…!"

"그런데 저는 19살이 되도록 이게 뭡니까?"

"지금의 동하 너도 내가 13살 때의 실력은 되는 것 같다."

"예에? 13살이라구요?"

유동하는 어처구니없다는 듯이 계면쩍게 웃었다. 그러나 안중근의 사격술은 13세 때에 이미 그런 경지에 이르러 있었다.

안중근은 1879년 9월 2일, 황해도 해주읍 광석동에서 진사 안태훈(安泰勳)의 맏아들로 태어났다. 그의 집안은 순흥 안씨(順興 安氏)로 고려 말의 거유 안향(安珦)의 26대손이었다.

그는 태어날 때부터 가슴과 허리에 검은 사마귀 7개가 박혀 있어 '북두칠성 기운에 응하여 태어났다'는 뜻으로 응칠(應七)이라고 불렸다. 안중근이 해외에 나와서 독립운동에 투신하면서부터 주로 응칠이라는 이름을 사용하였으므로, 이것이 그의 자(字)가 되었다.

그의 집은 안중근이 6살 때인 1884년, 부친이 박영효가 선발한 구

미유학생 70명 중에 뽑혀 갑신정변에 참여했다가 실패하자 정치적 보복을 피해 이곳 신천군 두라면(信川郡 斗羅面)으로 피난을 온 것이다. 그래서 안중근은 산수와 풍경이 아름다운 천봉산(天峰山) 및 청계동(淸溪洞)에서 소년 시절을 보냈다.

그의 아버지 안 진사는 수천 석을 추수하는 큰 부호였으므로, 집에 서재를 두어 집안 아이들과 동네 아이들을 모아 놓고 글공부를 시켰다.

안중근은 어려서부터 매우 총명하여 어린 나이에 《사서(四書)》를 통독하여 인근에서 신동으로 불렸다. 또한 그는 7세 때부터 말 타기와 활쏘기를 익혀 12세 때는 백발백중의 묘기를 보였다. 그는 사격에도 명수여서 13세 때에는 속사든 말을 타고 쏘는 것이든 쏘기만 하면 명중이었다. 특히 그는 문장에도 능하였으며, 글씨 또한 타고난 명필이었다.

그는 겨우 13세의 어린 나이에 한 인간으로서 거의 완전한 경지에 이르러 있었다.

안중근이 16세 되던 해에 동학혁명이 일어났다. 당시 동학군은 거의가 양반과 지주계급에게 학대를 받던 천민계급으로 뭉쳐져 있었다. 그런데 이 때 여러 지방에서 산적들이 동학군을 빙자하여 양민을 괴롭히는 경우가 많았다. 그래서 안중근의 아버지 안태훈은 재산을 지키기 위해 자기의 소작인을 중심으로 1천여 명의 동학진무군(東學鎭撫軍)을 조직했다. 일종의 사병(私兵)과 같은 의병이었다. 이렇게 해서 조직된 안태훈의 사병은 험준한 청계동 일대에 진을 치고 관군에 협조하면서 농민들의 생명과 재산을 지켰다.

안중근은 13세 때에 이미 날아가는 새는 물론이고 20여 보 거리에 매달아 놓은 엽전구멍까지도 무난히 뚫는 명사수였으므로 아버지가 조직한 동학진무군에 앞장섰다. 안중근은 어린 나이임에도 불구하고 통솔력이 뛰어나 1천여 명이나 되는 사병의 선봉대장으로서 조금도 부족함이 없었다.

안중근은 놀라운 용맹과 사격술로 동학군을 격퇴하는데 큰 공을 세웠다. 16세의 소년이라고는 믿어지지 않는 일이어서 모두가 혀를 내둘렀다.

이 무렵, 서북지방에는 소위 서학(西學)이라고 불리우는 천주교와 기독교가 들어와 있었다. 그가 17세 되던 해에 그의 일가족은 프랑스 선교사 홍석구 신부의 끈질긴 권유로 천주교에 입교하여 세례를 받고 세례명 도마(토마스)를 받았다.

본명이 빌헬름인 홍석구 신부는 그 일대에서 명망이 높은 신부였다. 남달리 명석하고 학구열이 높았던 안중근은 홍 신부와 밤을 밝히면서 토론을 하고, 그리고 그로부터 서양 지식을 받아들여 세계 대세의 추이에 밝게 되었다.

그 해에 안중근은 같은 고을에 사는 김홍섭의 딸 김아려와 결혼을 하고 슬하에 2남 1녀를 두었다.

그는 자녀들의 가정교육에도 엄격하였지만, 부모에 대한 효성 또한 지극하였고 의협심이 남달랐다. 불의에는 추호의 타협이 없고 관용도 베풀지 않았다.

어느 땐가 그의 모친이 청나라 상인들로부터 행패를 당한 사건이 발생했다. 당시 청나라는 대국이라 하여 조선인들에게 행패가 심했고, 청나라 상인들이 마음대로 휘젓고 다니면서 엄청난 폭리를 취하는 일이 많았다. 뒤늦게 이 소식을 알게 된 안중근은 크게 노하여 모친에게 행패를 부린 청나라 상인을 안악(安岳)까지 뒤쫓아 가 엽총으로 쏴 죽였다. 이 일이 한때 외교문제로까지 비화되어 시끄럽게 되자 그의 조부와 친분이 있던 이하영(1905년 을사늑약 체결을 끝까지 반대하였던 법부대신) 등이 여러 방면으로 힘써 가까스로 수습이 되었다.

"내가 20살이 되던 해니까, 1898년 광무 2년쯤이지."

안중근은 자기의 지난 이야기를 초롱초롱하게 빛나는 눈빛으로 바라 보며 듣고 있는 유동하에게 자세히 들려주었다.

"《통감(通鑑)》, 《만국사(萬國史)》, 《조선사(朝鮮史)》를 읽고 있던 나는 홍신부를 만난 뒤로 《태서신사(泰西新史)》를 읽고 세계 역사에 눈을 떴다. 그리고 이 무렵에 황성신문(皇城新聞), 제국신문(帝國新聞), 대한매일신보(大韓每日新報), 공립신문(公立新聞) 같은 민족사상과 자주독립사상, 배일사상을 고취하는 민족신문들이 국내외에서 발간되기 시작하였다. 나는 그 신문들을 구해서 읽고 민족주의사상과 애국 사상을 기를 수가 있었다."

안중근이 26세 때인 1904년에 러일전쟁이 일어났다. 일본군의 횡포를 운명처럼 받아들여야만 했던 조국의 현실 앞에 젊은 안중근은 땅을 치며 통곡했다. 그 전쟁은 양쪽 모두가 조선의 독립을 보장하기 위해 싸운다고 선언하였으나 어느 쪽이 이기든 조선의 운명은 결정된 것이나 다름 없었다. 일본이 이기면 일본의 것이 되고, 러시아가 이기면 러시아의 것이 될 판이었다.

실의와 좌절감에 자신을 억누를 수 없을 만큼 울분을 느낀 안중근은 고향을 떠나 진남포로 갔다. 우선 자금을 모아 무슨 일이든 하기 위해 석탄 장사를 시작했다. 그러면서 대세의 변화를 지켜보며 불만의 탈출구를 찾기로 했다.

"다음 해인 1905년 보호조약이라는 명분으로 을사늑약이 체결되면서 우리나라가 송두리째 일본에게 넘어가 버리고 말았다. 나는 그 때 나의 인생을 완전히 포기해야겠다고 생각했다. 그때부터 내 목숨은 나의 것이 아니었던 것이다."

그 해에 미국에서 돌아온 도산 안창호가 이갑, 이승훈, 신채호 등과 함께 '신민회(新民會)'를 조직하여 비밀 레지스탕스 결사를 조직했다. 그러면서 그들은 학교를 세워 육영사업을 통해 민족의 저력을 기르기로 결정하고 평양(平壤)의 대성학교, 정주(定州)의 오산학교 등을 세웠다.

바로 그 무렵, 부친이 돌아가셨다는 부음(訃音)이 날아왔다. 진남포에 있던 안중근은 고향으로 달려가 부친의 장례를 치르고 한달음에 평양으로 달려가 안창호를 만났다. 안창호를 만나보고 난 후, 안중근에게는 많은 변화가 생겼다.

"그래서 그 때까지 품고 있었던 마음, 즉 왜놈을 보는 대로 죽이면서 의병투쟁을 하려던 생각을 잠시 중단하고 첫째를 육영 사업, 그 다음을 산업진흥, 그리고 항일투쟁은 맨 끝으로 돌려야겠다고 결심을 했다."

"그러면 장군님은 결코 행동만을 이상으로 삼으시는 분은 아니었군요?"

"바로 그것이 도산 안창호 선생님의 가르침이었다. 덮어놓고 맨주먹, 끓는 피로만 덤비다가는 큰일을 이룰 수 없다는 것을…. 우리나라가 망한 원인을 따져 보면 외국의 강압에 의한 것이 사실이지만, 근본적으로는 우리나라 사회 자체의 오랜 무질서와 혼란이 그렇게 되도록 만든 것이기도 했다. 그렇기 때문에 남의 나라를 빼앗은 놈도 나쁘지만 나라를 빼앗긴 우리 자신의 자세부터 가다듬어야 한다는 것을…."

안창호를 만나고 온 안중근은 진남포에서 친구와 같이 경영하던 석탄 사업을 정리하여 남포에 돈의학교(敦義學校)를 세웠다. 그리고 학교에 안창호, 이준같은 우국지사들을 초빙하여 강연회를 열기도 하였다.

"그러니까 내가 29살 때인 2년 전 1907년이었다. 고종 황제의 밀사로 해아(海牙:헤이그)에 갔던 일성(一醒:이준의 호) 이준 선생이 분사하였다는 소식을 듣게 된 나는 선생의 이름을 부르면서 통곡을 하였다. 그리고 바로 그 해에 '정미7조약'이 체결되면서 고종 황제가 강제로 양위를 하고, 우리 대한제국 군대가 강제로 해산을 당했다. 이때 군대 해산에 저항을 한 2개 대대가 장렬한 최후를 마쳤다는 소식을 듣고 나는 도저히 참을 수가 없었다. 그 후부터 나는 항일투쟁을 맨 끝으로 돌리고 육영사업에 몰두하려던 결의를 지킬 수가 없어 끝

▲ 을사늑약 이후 제2차 의병투쟁당시(1906년) 의병들의 모습

내는 의병활동을 다시 하기로 결심하게 되었다."

안중근은 마침내 조국을 등지고 러시아로 망명길에 올랐다. 그는 처음에는 북간도(北間島)의 용정촌(龍井村)을 활동 근거지로 삼았으나, 10월경에는 엔치야를 경유하여 블라디보스토크, 수청(水靑) 등지에서 1백여 명의 동지를 규합하게 되었다.

당시 러시아에 거주하는 한인들은 누구를 막론하고 모두가 항일 사상이 투철했다. 그래서 안중근은 이곳을 국권 회복을 위한 독립 운동의 전초기지로 삼았던 것이다.

한편에서는 최재형, 이상설 등이 중심이 되어 우리동포들의 자녀교육을 위해 학교를 건립하였고, 다른 한편으로는 동포들의 생활터전을 마련하기 위해 원동임야회사(遠東林野會社)를 만들어 동포들의 힘으로 땅을 개척하였다. 그리고 민족대변지인 '대동공보(大東共報)'를 통하여 한민족의 권익을 옹호하고 일제의 만행을 규탄, 폭로했다.

안중근은 블라디보스토크와 엔치야를 중심으로 하여 수청, 하바로프스크(許發浦), 삼와쿠, 아지미, 시지미, 소오녕, 북간도 등 드넓은 대륙 곳곳을 두루 방문하였다. 그는 가는 곳마다 동포들을 찾아가 국권 회복을 위해 실력을 양성하도록 역설했다.

"우리는 국권을 회복하기까지 각자가 맡은 바 생업에 충실해야 합니다. 어떤 어려움이 있더라도 나라를 위해 힘을 다하지 않으면 안됩니다. 특히 조선 침략의 원흉인 이등박문(伊藤博文)의 시정방침을 깨뜨리지 않으면 안 될 것이니, 젊은 사람들은 일제히 일어나 나와 함께 총을 들고 싸웁시다. 그리고 어린이들은 열심히 공부하여 나라의 주인공이 될 훌륭한 2세 국민이 되어 주십시오!"

이렇듯 안중근의 적극적인 활동으로 인해 연해주 일대에서는 안중근을 모르는 사람이 없게 되었다. 그는 블라디보스토크에서 서로 뜻이 통하는 동지 우덕순을 만나 이범윤을 의병대장으로 추대하고 러시아군으로부터 무기를 구입했다.

그러다가 작년 7월, 드디어 최도헌 산하의 동의회(同義會)와 이범윤 산하의 창의회(彰議會) 동지들로 규합된 3백여 명의 의병이 1차로 거병을 하여 국경지대의 홍의동을 습격하였다. 홍의동은 두만강 연안 신아산 부근의 군사상 요충지였다.

안중근은 이 때 대한의군 참모중장 겸 특파독립대장 및 아령지구(俄領地區) 군사령의 직책을 맡았다. 홍의동에 주둔하고 있는 일본군 수비대를 습격하여 기염을 토한 그는 사령관 정제악의 우령장(右令將)으로서, 좌령장 엄인섭과 함께 무산(茂山) 부근의 홍범도 부대와 합류하여 3백여명의 병력으로 경흥의 일본 경찰대를 격파하였다.

　3차에 걸친 경흥 지구 전투에서 맹위를 떨친 안중근 부대는 다시 회령 땅으로 들어가서는 5천여 명이라는 엄청난 수의 일본군과 시산혈하(屍山血河)를 이루는 사투를 벌였다. 군사학적으로 도저히 상상할 수 없는 게릴라전이었다.

　이 전투에서 마지막 남은 한 발의 총알까지 모조리 다 쏜 독립군은 중과부족으로 비분의 눈물을 흘리며 뿔뿔이 흩어졌고, 안중근은 불사신처럼 죽음의 포위망을 뚫고 간신히 탈출하여 블라디보스토크로 돌아갔다.

　그 때 생환자는 겨우 몇 명밖에 되지 않았다. 의병활동에 참가했던 사람들은 이 때 크게 사기가 저하되었으나, 안중근은 또다시 재기를 도모하며 조금도 흔들리지 않았다.

　안중근의 활약상을 다 듣고 난 유동하는 온 몸에 전율을 느꼈다.

　"장군님, 이제부터 제 목숨은 장군님께서 맡아 주십시오. 그리고 가장 필요한 곳에 써 주십시오!"

　살을 에이는 듯한 추운 겨울이 서서히 물러가고, 어느덧 4월 초순이 되었지만 시베리아의 날씨는 아직도 쌀쌀했다. 안중근은 유동하에게 사격 연습을 계속하게 했다.

　"자, 다시 한 번 쏘아 봐라!"

　유동하가 심호흡을 하며 다시 한 발을 쏘았다. 명중이었다.

　"됐다. 동하야!"

"명중입니다!"

"그것 봐라! 꼭 맞추겠다는 의지가 중요한 거야. 너는 지금까지 그 의지가 부족했던 것이야. 정신일도(精神一到)면 하사불성(何事不成)이란 말이 있다."

"장군님의 활약상을 듣고 보니 제 정신이 번쩍 드는 것 같습니다."

이 때 뒤에서 누군가가 달려오며 안중근을 큰 소리로 불렀다.

출정(出征)을 앞두고

"안 동지!"

백규삼이 블라디보스토크로부터 도착하여 계곡에 있는 사격장으로 달려오고 있었다.

"아니, 백 동지!"

"지금 막 도착했소! 안 동지가 여기 있다기에…."

"그래, 무기는 어떻게 되었소? 그리고 최석도 선생님은 모시고 왔소?"

"최석도 선생님과 단지혈맹(斷指血盟)을 했던 동지들이 다섯대의 마차에 무기를 나누어 싣고 모두 함께 왔소!"

구식 단발총에 비해 성능이 월등히 좋은 러시아제 최신 무기의 도착으로 엔치야 기지는 온통 환호성으로 들떠 있었다.

안중근과 백규삼은 넓은 훈련장을 가로질러 산 너머에 있는 지휘부 막사로 달려갔다. 안중근과 백규삼이 막사에 도착하자 최혜란이 뛰어나왔다.

"선생님?"

"아니, 혜란 양!"

안중근이 최혜란을 보고 의아해 하자 백규삼이 설명을 했다.

"혜란 양은 이번에 대동공보사 특파원 자격으로 우리들의 출전 상황을 취재하러 온 것이오!"

"하지만 고국으로 출전하시는 아버님을 전송하는 뜻이 더 크다고 하겠지요…."

"반갑습니다. 혜란 양!"

"저도 안선생님을 다시 뵙고 싶었습니다. 그런데 이렇게 또다시 뵙게 되다니…."

"자, 들어가시지요."

"아니예요. 방금 저는 여러분께서 출전하실 때까지 특별히 영내에 체류하도록 특별허락을 받았습니다. 선생님들이나 어서 들어가세요."

"그럼, 나중에 다시 뵙지요."

지휘부 막사 안에는 사령관 이범윤을 중심으로 모두가 감격적인 얼굴로 자리를 함께 하고 있었다.

이범윤은 이 자리에서 관록과 경력 모든 면에서 단연 최고의 지휘관이었다. 그는 대한제국 훈련대장이었던 이경하의 아들이자 친로파의 거두로서 법부대신과 주 러시아 공사를 지낸 이범진의 동생이었다. 그리고 헤이그 밀사의 한 사람이었던 이위종은 그의 조카였다.

이범윤은 7년 전인 1902년, 청나라가 간도(間島)에 대한 영유권을 주장하며 그 곳에 거주하는 우리 동포들을 괴롭히자 간도 관리사(間島管理使)가 되어 부임했다. 그는 그곳 간도 땅에서 일찍이 병력을 양성하며 우리 동포들을 보호하는데 힘써 오다가 5년 뒤인 1907년, 통감부에서 간도에 출장소를 설치하자 할 수 없이 시베리아로 망명을 하게 되었다.

그는 이곳 시베리아에서 창의회(彰議會)를 조직하고 3십만원의 군자금을 모아 4천여 명의 의병을 훈련시켰다. 그리고 작년 7월 대진격 때는 엄인섭, 전제덕, 안중근 등을 국내로 침투시켜 많은 전과를 올렸으나, 일본 수비대와의 전투에서 중과부족으로 패퇴한 이후, 엔치야의 의병 내부에서 분규가 일어나 4천여명의 창의회 의병은 해산되고 지금의 7백의병은 그 후 다시 규합한 병력이었다.

최신무기가 도착하자 이범윤은 자신감에 넘쳐 있었다.

"동지들! 이제 해삼위에서 새로운 무기도 왔고, 두만강을 건너 왜군의 동태를 탐사하러 갔던 우리의 척후병도 무사히 돌아왔으니 오늘은 우리에게 경사가 겹친 것 같소이다!"

이범윤의 말이 끝나자, 무기구입에 공로가 컸던 최석도 노인이 자리에서 일어났다.

"동지들! 늦어서 미안합니다. 벌써 1달 전에 무기가 도착했어야 했는데 시시각각으로 정세가 변하는 바람에 마음만 앞섰지 모든 것이 뜻대로 되지 않았습니다."

그러자 안중근이 최석도 노인에게 물었다.

제1장 연해주의 혈사들

"아니, 최 선생님! 시시각각으로 정세가 변하다니 그건 무슨 말씀이십니까?"

"나도 신문사의 이강 주필에게 들은 얘기입니다만, 일본 외무성이 국경지대에 출몰하고 있는 우리 의병들의 무장을 해제시키고 체포 및 송환을 하도록 러시아 당국에 강력히 요구하고 있다고 합니다."

최석도 노인의 얘기가 끝나자 백규삼이 이를 보충하여 자세히 설명했다.

"그렇습니다. 그동안 산발적으로 계속되어 온 우리 의병들의 국내 출병으로 통감 이등박문과 신임 조선군 사령관 오쿠보(大久保)란 자가 몹시 당황하고 있었던 모양입니다. 동부수비관구(東部守備管區) 사령부는 두만강과 압록강 일대의 연안 경비 병력을 배로 증강시켜 배치시키고, 한편으로는 남해안의 진해만(鎭海灣)에 있는 방비함대(防備艦隊)의 일부를 북쪽 연해로 돌렸다고 합니다."

그뿐 아니라, 일본 외무성의 강력한 요구를 받은 러시아 당국도 일본과의 국경분쟁을 원치 않을뿐더러 자국의 시베리아 식민정책을 효과적으로 추진하기 위해 러시아에 있는 조선인들을 단속하기 시작했다는 것이다.

"아니, 그러면 러시아 당국이 우리 조선인을 마구 잡아들이기 시작했다는 말이오?"

"러시아 경찰은 맨 먼저 총기류의 민간 거래부터 단속하기 시작했습니다. 만일 이번에 최 선생님이 미하일로프 헌병대장을 매수하지 못했더라면 무기구입이 수포로 돌아갈 뻔했습니다."

"상황이 갈수록 어려워지고 있군요."

"그뿐만 아니라 러시아 경찰이 재류 조선인에 대한 여권 검사를 실시하고 일부 조선인들을 검거하고 있습니다."

"음…, 그게 사실입니까?"

"예, 틀림없는 사실입니다. 그러나 아직 그렇게 심하지는 않습니다. 아직까지는 러시아가 일본의 요구를 받아들이고 있다는 것을 보여 주기 위한 형식적인 단속이니까요. 그들도 왜놈들에게 진심으로 협조할 생각은 하지 않고 있습니다."

"하지만 앞으로 러시아에서의 의병 활동이 적지 않은 지장을 받게 될 것만은 틀림없는 일인 것 같소!"

"그러니 아무쪼록 이번 우리들의 출병이 커다란 성과를 거두어야 할 것입니다!"

▲ 함북 회령 주둔 제75연대의 두만강 경비훈련

"그렇소이다! 아, 이남기 동지…!"

"예!"

"척후보고서를 이리 주시오!"

곧이어 그 자리에서 작전 회의가 열렸다.

"경원에는 왜군이 몇 명이나 주둔하고 있소?"

"8백여명입니다!"

"회령에는?"

"5백명 가량입니다!"

"8백명과 5백명이라?"

회의가 진행되는 가운데 최석도 노인이 갑자기 심한 기침을 하기 시작했다. 최석도 노인의 기침은 좀처럼 멎지 않고 거의 자지러질 듯 심해졌다. 최석도 노인이 기침을 계속하자 좌중에는 불안한 기색이 감돌았다.

"최 선생님, 최 선생님…!"

"…괘, 괜찮소!"

최석도 노인의 기침은 얼마 후 간신히 진정되었으나 안중근은 무척 신경이 쓰였다.

"선생님은 안 되겠습니다."

"그게 무슨 소리요."

"이렇게 건강이 안 좋으신데 어떻게?"

"괜찮소. 연전에 해소 기운이 약간 있더니…."

이렇게 말하는 순간에도 최석도 노인의 입에서는 또다시 기침이 터져 나왔다. 주변에 있던 사람들이 서둘러 최석도 노인을 편히 쉴 곳으로 안내하려 하였으나 그는 완강히 거부하며 자리를 뜨지 않았다.

"괜찮소. 이제 아무렇지도 않소. 보시오! 내일 동지들과 함께 전쟁터에 나갈 몸이 이까짓 해소 정도에 진단 말이오? 보시오, 이제 정말 아무렇지도 않소!"

"하지만 선생님…!"

"안동지, 내 걱정은 하지 말고 어서 회의나 계속하시오. 왜놈들과 싸우다가 죽을망정 손가락을 잘라 함께 맹세한 동지들을 저버리고 나 혼자 낙오를 하라니 그게 말이 되오?"

최석도는 끝내 회의장을 떠나지 않았다.

그날 밤, 안중근은 최석도 노인을 생각하며 잠을 이루지 못하고 있었다. 옆에 있던 유동하가 걱정스럽게 말했다.

"장군님, 오늘은 일찍 주무셔야지요!"

"괜찮다. 너나 일찍 자도록 해라!"

안중근은 깊은 생각에 잠긴 채 좀처럼 잠을 이룰 수가 없었다.

출정 전야, 엔치야 기지의 밤은 깊어갔다. 잠을 자다가 깬 유동하가 또다시 걱정을 하며 말했다.

"아니, 장군님! 왜 아직도 주무시지 않고 계십니까?"

아침에 출정을 하게 되면 꼬박 이틀 동안은 강행군을 해야 하므로 지금은 잠을 많이 자두어야만 했다.

"동하!"

"예?"

"막상 출전을 한다고 생각하니 무서우냐?"

"아닙니다!"

"그럼, 왜 잠을 못 이루고 있어?"

"그저 공연히 잠이 오지 않습니다. 장군님은 뭐가 그렇게 걱정이 되십니까?"

"최석도 선생님의 일이 걱정 되서 그런다. 그런 몸으로 우리와 함께 출정을 하시겠다니…."

"제 생각에도 최석도 선생님은 우리와 함께 출정을 하시지 않는 것이 좋을 것 같습니다. 병약한 노인 한 분 때문에 이번 출정에 무슨 문제라도 생긴다면 그건 최 선생님께서도 원하지 않는 일일 것입니다."

안중근이 걱정하는 것도 바로 그것이었다. 안중근은 자리에서 벌떡 일어나 최석도 노인의 숙소로 향했다. 다시 한 번 만류해 볼 생각이었다.

그가 막 막사를 나와 몇 발자국 디뎠을 때였다. 맞은편 쪽에서 최혜란이 그의 막사를 향해 오고 있었다.

"아니, 혜란 양!"

"안 선생님!"

어둠 속에서 빛나는 혜란의 눈에서는 뜻 모를 눈물이 흐르고 있었다. 그것을 보는 순간, 안중근은 어둠 속으로 시선을 돌렸다.

"아버님께서는 주무십니까?"

"네!"

"그런데 혜란양은 왜 주무시지 않고 나오셨습니까?"

최혜란은 아무 대답도 하지 않았다.

"혜란 양, 부탁이 하나 있습니다."

"예?"

"내일 아버님을 모시고 해삼위로 돌아가셨으면 좋겠습니다. 아버님께서 그런 몸으로 왜놈들과 목숨을 걸고 싸워야 하는 이번 출정에 참여하신다는 것은 죽음을 자초하는 것밖에 되지 않습니다. 그리고 그것이 우리에게도 결코 도움이 되지 않을 것입니다. 혜란 양, 아버님을 잘 설득해 주십시오!"

"아마 안 될 거예요…."

"안되다니요?"

"아버지께서 듣지 않으실 거예요. 선생님, 저도 이제 어쩔 수 없어요. 실은 저도 아버지를 붙잡고 울면서 애원도 해봤지만 아버지의 집념은 끝내 꺾을 수가 없었습니다."

"그것 참 큰일이군요."

"그리고 아버지는 지금도 주무시지 않고 계십니다."

"예?"

"동지들이 당신을 떼어 놓고 갈지도 모른다면서 주무시지도 않고 지금 열심히 총에 기름칠을 하고 계십니다."

최혜란은 울먹이며 계속 말을 이었다.

"정 당신을 버리고 가려거든 지난 번에 백규삼 동지 집에서 손가락

제1장 연해주의 혈사들 71

을 잘라 혈서를 썼던, 당신의 손가락을 돌려 달라고 억지까지 부리시면서, 그러니 지금은 아무도 아버지를 말릴 수가 없어요."

"그렇다면 어쩔 수 없군요. 잘 알겠습니다. 혜란 양! 내가 아버님을 모시고 떠나지요. 그리고 돌아올 때는 반드시 혜란 양께 아버님을 다시 모셔다 드리겠습니다."

그러자 이번에는 최혜란이 안중근에게 엉뚱한 부탁을 했다.

"선생님, 내일 출정에 저도 같이 떠나게 해 주세요!"

"뭐라구요?"

"허락해 주세요! 저도 아버지를 돕고 선생님을 도와 훌륭히 싸울 각오가 되어 있어요! 제발 부탁입니다."

"최 동지! 이제부터 최 동지라고 부르겠소!"

"뭐라고 부르셔도 좋아요. 데려가 주시기만 하세요."

"최 동지의 마음은 알겠소. 그러나 사람이란 각자가 해야 할 일이 따로 있는 법이오. 말하자면 나 같은 사람은 왜놈들을 쳐부수는 일을 맡아야 할 것이고, 최 동지와 같은 분은 우리 의병들이 빼앗긴 나라를 다시 찾기 위해 왜놈들과 싸우고 있는 사실을 세계 만방에 널리 알리는 일을 맡아야 할 줄로 아오!"

그러나 최혜란은 안중근의 말을 듣고서도 막무가내였다. 안중근은 최혜란을 다시 설득했다.

"내가 최 동지를 이강 선생에게 부탁하여 대동공보사에 들어가게 한 것도 바로 그런 뜻에서 한 일이오. 아시겠소?"

"네, 저도 그 점은 잘 알고 있습니다."

"이 안중근의 마음을 이해해 줘서 고맙소. 어서 돌아가 주무시고 내일 아침, 밝은 얼굴로 아버님을 전송하시오. 그리고 우리가 돌아오는 날, 빛나는 전과를 전 세계에 알리도록 해주시오!"

"네…!"

"그리고 아버님께 내일 출정에 반드시 모시고 갈 테니 마음 놓고 주무시라고 하시오. 그럼 새벽에는 따로 만날 틈이 없을테니 여기서 작별합시다!"

최혜란은 아무 말도 없이 흐느끼고 있었다. 안중근은 최혜란의 그런 모습을 보고 감정을 억제한 채 막사쪽으로 등을 돌렸다.

그가 몇 발자국 떼어 막사 앞에 다다랐을 때, 최혜란이 그를 불러 세웠다. 그리고는 주머니에서 봉투 하나를 꺼내 주었다.

"대동공보사로 온 선생님의 편지예요."

"편지?"

"그럼, 안녕히…!"

최혜란은 안중근에게 편지를 전해 주고는 흐느끼며 달아났.

아내 김아려에게서 온 편지였다. 안중근은 막사로 들어와 편지를 뜯어 보았다. 그가 고국을 떠나온 이후 처음 받아보는 아내의 편지였다.

안중근은 아내의 편지를 대하는 순간 머리카락이 곤두서고 가슴이 찢어질 듯이 아팠다.

『당신이 떠나신 다음 소식을 몰라 궁금하던 차에….』

편지의 서두는 이렇게 시작되었다. 그러나 보통의 편지에서는 별다른 의미가 없을 서두의 이 상투적인 문구 한 구절에는 너무도 많은 사연이 응결되어 있었다.

그의 아내는 얌전하고 순박한 전형적인 조선 여인이었다. 그 구절은 묵묵히 인내하며 사는 아내의 속마음을 겉으로 나타내지 않은 표현이었다.

『…홍 신부님으로부터 당신이 원산의 백 신부님 댁에서 하룻밤을 유하시고 그 곳으로 가셨다는 소식을 듣고 반가운 마음으로 이 글을 올립니다. 인편으로 부치는 이 편지가 당신에게 전해질지 의문입니다. 다만 당신의 안위와 함께 모든 것을 천주님의 뜻에 맡길 뿐입니다.

이 곳의 사정은 날이 갈수록 어려워만 갑니다. 통감부의 권한은 날로 커져가고 이곳 진남포에도 이제 일본 헌병들뿐만 아니라 우리나라 사람까지 헌병보조원이라는 이름으로 칼을 차고 설치고 있습니다.

당신이 떠나가신 다음 만주 땅에서 당신이 의병에 가담하셨다는 소문을 들은 일본 놈들이 연로하신 어머님을 찾아와 성화를 대며 들볶고 있습니다.

정근, 공근 두 도련님이 가계를 돕는다고는 하지만 당신만을 믿고 있던 살림은 말이 아니게 힘이 들고, 설상가상으로 어린 것 분도마저 몹쓸 감기에 걸려 달포가 지나도록 높은 열로 고생하고 있습니다. 부덕한 어미의 입장을 탓하기 전에 한편으로는 당신을 원망도 해봅니다.

부디 이 편지를 받는 대로 한 번 다녀 가시기 바랍니다. 불민한 아내를 책하시기 전에 당신의 귀여운 아들을 생각하셔서 제발 돌아오시길 천주님께 빕니다.

추운 땅에서 몸 성하시길 아울러 빕니다.』

출정을 앞두고 아내의 편지를 대한 안중근의 마음은 괴로웠다.

출정(出征)

　기상 나팔이 울렸다. 어느새 출정시간이 다가온 것이다. 백규삼이 일찍 일어났는지 막사 문을 두드렸다.
　"안 동지, 출정 시간이오!"
　그는 안중근이 아직도 자고 있는 줄 알았던 모양이었다.
　4월 13일 안중근은 고국을 떠나온 후 처음으로 아내의 편지를 받아보고 두만강을 향해 출발했다.
　아직도 쌀쌀한 시베리아의 4월, 엔치야를 떠난 백여 명의 안중근 부대는 두만강을 향해 남쪽으로 내려갔다. 안중근의 부대에는 최석도 노인을 비롯한 11명의 단지동맹원이 함께 포함되어 있었다.
　이틀 뒤, 안중근 부대는 엔치야 북방 사티노에서 출발한 2백여명의 이범윤장군 부대와 두만강 부근의 약속지점에서 합류했다.
　총사령관은 이범윤, 좌령장은 안중근, 우령장은 엄인섭이었다. 그런데 그 곳에서 합류하기로 하고 각기 다른 길로 엔치야를 출발했던 엄인섭의 부대가 시간이 지나도록 나타나지 않고 있었다.

엔치야 기지를 떠날 때 세 갈래로 나누어 출발하였다. 큰 무리의 이동을 들키지 않기 위해 병력을 소규모로 나누었던 것이다. 그것은 언제 어디서 적의 공격을 만나더라도 아군의 피해를 줄이고, 우리 의병들이 행군을 하면서 연도의 주민들에게 입히게 될 민폐를 없애기 위한 작전이기도 하였다.

총사령관 이범윤으로부터 연락병이 왔다.

"장군님, 총사령관님께서 부르십니다."

안중근이 사령관의 막사 안으로 들어가자 이범윤이 크게 걱정을 하면서 그에게 물었다.

"좌령장, 이상한 일이오. 엄인섭 부대가 왜 아직까지 도착하지 않는지 모르겠소."

"벌써 자정입니다. 장군! 약속 시간보다 3시간이나 지났는데, 행군 도중에 왜군과 조우라도 한 것이 아닐까요?"

두 사람이 마주 앉아 속을 태우고 있을 때, 최석도 노인과 백규삼이 막사안으로 들어왔다. 최석도가 총사령관 이범윤에게 군례를 갖추고 나서 안중근을 불렀다.

"안 동지, 저기 불빛을 보시오!"

"예?"

"저기 불빛이 보이는 곳이 바로 놈들의 진지인 경원 수비대요!"

"알고 있습니다."

"그런데 왜들 이러고 있소?"

그러자 총사령관 이범윤이 대답했다.
"엄인섭 동지의 부대가 도착할 때까지 조금만 더 기다립시다!"
그러자 이번에는 백규삼이 나섰다.
"장군님! 엄인섭 동지의 부대는 오지 않는 것으로 하고, 일단 여기서 행동을 개시하는 것이 좋겠습니다."
"그렇습니다."
최석도와 백규삼은 더이상 엄인섭 부대를 기다리지 말고 공격할 것을 재촉하였다. 그러나 이범윤은 고개를 저었다. 안중근도 신중론을 폈다.
"경원 수비대의 병력이 8백명이라고 하지 않았소?"
"무방비 상태에 있는 경원수비대의 왜군 8백명을 기습하는 것은 우리의 의병 3백명으로도 충분합니다!"
그러자 잠시 눈을 감고 생각하던 이범윤이 마침내 작전 명령을 내렸다.
"이렇게 합시다. 안 동지!"
"어떻게요?"
"안 동지의 좌군 1백명은 지금 곧 회령으로 가시오!"
"회령으로요…?"
안중근이 의아한 듯 물었다.
"회령 수비대는 5백명이라고 하였소?"
"그렇습니다."
"나는 여기서 안 동지의 부대가 회령에 도착할 때까지만 엄인섭 동

▲ 1908년 블라디보스토크의 망명 동지들.

지의 부대를 기다리겠소. 엄인섭 부대는 행군 도중에 왜군을 만났더라도 전투를 벌이지는 않았을 것이오. 지금 어느 지점에선가 일본군을 피하고 있는 것이 틀림없소. 그들은 안중근 동지가 회령에 도착하는 동안이면 우리와 합류하게 될 것이니, 그 때 우리가 먼저 이곳 경원 수비대를 공격하겠소."

"그러면 회령은?"

"우리 부대의 기습 공격을 받은 경원 수비대는 회령 수비대로 긴급히 응원 병력을 요청할 것이고, 그렇게 되면 자연 회령 수비대의 병력은 분산될 것이오. 그 때 안 동지가 분산된 회령 수비대를 공격하여 회령 지구를 완전히 장악한 다음, 그 곳 현지에서 의병을 모집하시오."

"알겠습니다!"

"우리가 경원을 함락하고 안 동지와 다시 합류하게 되면 다시 부대를 재편성하여 남으로 진격합시다."

이 때 최석도 노인이 또다시 기침을 하기 시작했다. 안중근이 최석도 노인을 부축하며 걱정스러운 듯이 물었다.

"괜찮으시겠습니까?"

"괜찮소. 내 팔을 한 번 잡아 보시오! 이렇게 힘이 솟구치고 있소. 그러니 내 걱정은 더 이상 하지 마시오!"

마침내 이범윤이 안중근에게 작전명령을 하달했다.

"안 동지! 지금 시간 0시 20분, 출발하시오!"

좌령장 안중근이 거느린 1백명의 병력은 회령으로 이동하기 시작했다.

안중근 부대는 대로를 피해 산으로 산으로만 행군해 나아갔다. 아직 새싹이 돋기 전이라서 마른 가지를 흔드는 삭풍, 아직도 녹지 않고 쌓인 무릎까지 빠지는 눈구덩이는, 무던히도 그들을 괴롭히고 있었다.

최석도 노인은 숨이 차면서도 그것을 내색하지 않으려고 안간힘을 썼다.

▲ 국경 특별경비대 부인들(일본인)도 사격훈련을 받고 무장함.

"최 선생님, 조심 하십시오!"

"이까짓 것은 아무 것도 아니오."

"선생님, 기운을 내십시오."

"안 동지! 내 걱정은 하지 마시오."

그들은 괴롭고 힘든 행군을 계속해 나아갔다. 이때 유동하가 안중근을 불렀다.

"장군님!"

"응, 뭐냐?"

"이번에 승전을 하시게 되면 꼭 진남포에 한 번 다녀오십시오!"

"뭐라구?"

"엔치야를 출발하기 전 날 밤, 막사 안에 떨어진 사모님의 편지를 제가 읽어보고 주머니에 다시 넣어 드렸습니다."

"…."

"사모님 편지에 아드님 분도가 아프다고 한 것도 걱정되는 일입니다만, 연로하신 모친께서 장군님 때문에 왜놈들에게 시달림을 받으신다는 구절을 읽고 저는 장군님께서 꼭…."

"동하, 지금 무슨 소리를 하고 있는 거냐?"

"사실은 저에게도 어머님이 계십니다."

유동하는 부모님이 안 계신다고 했었다. 그러나 그것은 거짓말이었다.

"어머님은 지금 원산(元山)에 혼자 계십니다."

"그러면 왜 혼자 계신 어머님을 두고 떠나왔느냐?"

"저는 칼을 차고 거들먹 거리는 우리 조선인 헌병보조원이 정말 보기 싫었습니다. 김일선이라는 그 악질, 그 놈이 보기 싫어서, 그러나 지금도 홀로 계신 어머니를 생각하면….”

"동하야!"

"예!"

"잊어버려야 한다. 그런 사정은 누구에게나 다 있는 것이다. 나나 네가 어머님을 저버리고 이렇게 떠나왔지만, 저 앞에 가시는 최석도 선생님에게는 20여 년을 혼자 길러온 외동따님이 있고, 저 백규삼 동지에게도 그런 사정은 다 있다!"

안중근의 부대는 얼어붙은 골짜기와 눈구덩이를 헤치며 회령땅을 향해 행군을 계속했다.

회령(會寧)의 참패

안중근의 부대가 회령 읍내가 바라보이는 계곡 입구에 막 이르렀을 때였다.

"정지!"

"은신하라!"

"산개(散開)하라!"

느닷없이 들려오는 말발굽소리에 일행은 모두 계곡 밑으로 쏜살같이 흩어져 숨었다.

"안 동지, 왜놈들이오!"

"음!"

그들이 숨어 있는 바로 머리 위에 일본군 기마척후병 네명이 달려와 멈춰 섰다. 기마척후병들이 선 자리에서 말발굽이 뚝뚝 움직였고, 어디선가 개 짖는 소리가 요란하게 들려왔다.

마을이 가까웠기 때문이었다.

"어이, 하시모도!"

"난다(뭐야)?"

"오늘 밤은 저 건넛마을 개새끼들이 유난히도 시끄럽게 짖어대는군."

"글쎄, 좀 이상한데…?"

바로 머리 위에 있는 왜놈들을 보고 비분에 찬 최석도 노인이 이를 악물며 말문을 열었다.

"이놈의 자식들, 회령 수비대의 척후병놈들이구나."

왜군 척후병을 보고 호흡이 가빠진 최석도 노인의 입에서 그만 기침이 터지고 말았다. 백규삼이 재빨리 최석도 노인의 입을 손으로 막았으나 일은 터지고 말았다.

"누구냐?"

"쿨룩, 쿨룩…."

"아니, 웬 놈이냐?"

"적이닷!"

순간 일본군 기마척후병들은 그곳에 의병들이 잠복해 있음을 알고 재빨리 달아나기 시작했다.

"장군님, 빨리 쏴야겠습니다!"

유동하가 달아나고 있는 척후병들을 향해 총을 겨눈 채 소리쳤다.

"쏴라, 저놈들을 놓치면 안된다."

안중근도 할 수 없이 사격명령을 내렸다. 1백여 개의 총구가 불을 뿜자 저만큼 달아나던 일본군 기마척후병들은 순식간에 말에서 굴러 떨어졌다.

그러나 안중근 부대는 여기서 그만 달아나는 기마척후병 한명을 놓치는 중대한 실수를 범하고 말았다.

살아서 돌아간 일본군 기마척후병이 회령 수비대의 새벽잠을 깨워 놓았다.

"하시모도 중대! 조선 폭도들이 회령 방면으로 진격해 오고 있다. 곧 완전무장을 하고 적의 진로에 잠복 대기하라!"

계속해서 비상전통이 각 부대에 하달되었다.

"상삼봉(上三峰) 시브자와 부대 나와라, 여기는 회령 수비대 지휘본부. 시브자와 부대는 지금 곧 출동하여 적의 퇴로를 차단하고 회령 방면으로 진격해 오도록!"

잠시 후, 저 쪽에서도 다급한 전화가 걸려왔다.

"회령 수비대 본부! 수비대 본부! 여기는 상삼봉 시브자와 부대 제2 파견소, 회령 방면으로 진군하고 있는 조선 폭도들의 후미를 발견했다!"

"알았다! 시브자와 부대는 계속 그들을 추격하여 제3수비선상에 잠복대기 중인 하시모도 중대와 함께 협공 분쇄하라!"

"핫!"

회령 수비대 기마척후병 세명을 사살했으나, 한명을 놓치는 중대한 과오를 범한 안중근 부대는 당초의 목표지점에 도달하지도 못한 채, 어디로든 무작정 이동할 수밖에 없었다.

그들은 아직도 어둠에 잠긴 낯선 마을의 뒷산을 넘고, 계곡을 건너 무작정 회령 쪽으로 향했다.

백규삼이 안중근을 불렀다.

"안 동지, 틀렸소! 놈들에게 발견된 이상 모든 작전이 허사가 되고 말았소!"

"그러나 여기서 돌아설 수는 없는 일이오."

"안 동지, 이젠 틀렸소!"

"그래도 우리는 회령으로 가야 하오!"

"안 동지! 우리가 올 것을 알고 복병을 매복시켜 놓고 기다리는 회령 수비대의 총부리 앞으로 이대로 가야한단 말이오?"

"하지만 이범윤 장군이 엄인섭 부대와 함께 경원 수비대를 기습하게 되면 회령 수비대 병력은 분산될 것이오."

"그건 기적을 바라는 것이나 다름없는 일이오!"

"기적이라도 좋소!"

"아니, 안 동지?"

"우리는 지금 기적이라도 바랄 수 밖에 없는 입장이오. 백 동지는 그걸 왜 모르시오?"

안중근이 백규삼에게 그들이 처해 있는 상황을 다시 한번 설명했다.

"어차피 왜군이 우리를 발견했는데 그놈들이 우리의 전방만 봉쇄하고 후방은 그대로 열어 놓았을 것 같소?"

"그러나…."

"전후에서 협공을 받아 완전히 포위를 당하기 전에 우리가 먼저 어느 한 곳을 뚫고 나가야 하오. 백 동지, 그러니 내 의견을 따라 주시오!"

▲ 경원 일본군 수비대 정문.

이 때 최석도 노인이 또 다시 기침을 시작하자 백규삼이 마침내 분통을 터뜨렸다.

"애초부터 최석도 선생을 모시고 온 안 동지가 잘못이오!"

"어쩔 수 없는 일이었소."

"음…."

"이젠 대결전을 각오하고 앞으로 나가는 길뿐이오."

최석도 노인이 또 기침을 시작했다. 한밤중의 찬 공기가 그에게는 무리였던 것이다. 백규삼은 그 기침소리에 또 감정이 격해졌다.

"안 동지, 이대로 가다가는 마지막 결전을 치뤄 보기도 전에 놈들에게 또다시 발각되어 공격을 받겠소."

이번에는 유동하도 나섰다.

"장군님, 최 선생님은 안 되겠습니다."

최석도 노인의 기침은 거의 신음에 가까웠다. 안중근은 백규삼에게 부대의 지휘권을 맡겼다.

"백 동지가 계속 행군을 지휘해 주시오. 최 선생님을 저 아랫마을에 모셔다 드리고 곧 뒤따라가겠소!"

안중근은 유동하와 함께 최석도 노인을 마을로 안내했다.

"최 선생님, 이 마을에서 기다리고 계시면 돌아가는 길에 꼭 모시러 오겠습니다!"

"미안하오, 안 동지! 이 늙은 것의 공연한 주책 때문에 큰일을 그르쳤소…."

"선생님, 기운을 내십시오!"

"안 동지, 내 걱정은 말고 어서 동지들한테로 가보시오!"

그들이 동구 밖 외딴집에 이르렀을 때였다. 인기척 소리에 집주인인 듯한 노인이 사립문을 열고 나왔다.

"누구시오? 혹시 의병들이시오?"

"그렇습니다."

"어서 이리로 들어오시오. 큰일 나겠소!"

"예…?"

"어서 들어오라니깐, 방금 전에 왜놈들이 다녀갔소."

노인은 세 사람을 방 안으로 데리고 들어가면서 말했다.

"이 곳은 의병들이 자주 지나다니는 길목이오. 그래서 이 마을에는 아예 왜놈 척후병들이 몇 놈씩 주둔하고 있소. 또한 왜놈들의 앞잡이

노릇을 하고 있는 못된 조선 놈들이 있으니 어서 방안으로 들어와 몸을 숨기시오."

안중근은 최석도 노인을 보살피도록 그곳에 유동하를 남겨 두었다.

"최 선생님, 제가 반드시 모시러 오겠습니다. 그 때까지 이곳에서 기다려주십시오."

"안 동지, 내가 부담만 되었소. 그렇지만 여러 동지들과 함께 왜놈들의 숨통을 내손으로 끊어 놓지 못하는 것이 못내 한스럽소."

"최 선생님!"

"나 때문에 여러분들을 고생시켜 미안하오."

"염려 마십시오. 우리는 반드시 살아서 해삼위로 돌아갈 것입니다. 안심하고 기다리십시오."

최석도 노인은 못내 아쉬운 듯 머뭇거리다가 어렵게 말을 꺼냈다.

"안 동지, 어려운 부탁이지만 경원 땅에 가게 되거든 그 곳 내 고향 땅의 흙 한 줌만 가져다 주시오!"

"예, 꼭 그렇게 해드리겠습니다."

안중근은 최석도 노인과 유동하를 외딴집에 남겨두고 다시 부대를 뒤쫓아 갔다.

안중근의 부대가 회령 북방 1km 지점에 이르렀을 때였다.

안중근 부대의 전방에 매복해 있던 하시모도 중대가 기습 사격을 가해 왔다. 소총이 불을 뿜고 기관총까지 가담해 왔다. 그때 안중근 부대는 완전히 노출된 지점에 있었다.

안중근 부대를 뒤쫓아 오던 시브자와 부대도 후면에서 공격을 가해 왔다. 엄폐물도 없이 완전히 노출된 1백여 명의 안중근 부대원들은 일본군의 기습공격에 속수무책으로 쓰러졌다.

"후퇴하라! 상삼봉으로 후퇴하라!"

안중근이 전 대원에게 퇴각명령을 내리자 백규삼이 달려왔다.

"앞뒤가 다 막혔소. 우리는 완전히 포위되었소!"

"뚫어야하오!"

"윽…!"

"백 동지!"

왜병의 총을 맞고 쓰러진 백규삼은 너무나 통분한 듯 눈을 부릅뜬 채 그 자리에서 숨이 끊어지고 말았다.

"백 동지!"

백규삼 뿐만이 아니었다. 이규풍, 강만국 등 죽음을 맹세하고 함께 단지동맹을 했던 동지들이 이쪽저쪽에서 차례로 모두 쓰러졌다. 마침내 안중근도 대퇴부에 왜병의 총탄을 맞고 그 자리에 쓰러졌다.

그러나 안중근은 다리에 총상을 입고도 왜병의 포위망을 뚫고 탈출했다.

다음 날 아침. 안중근은 부상당한 다리를 절뚝거리며 최석도 노인과 유동하가 기다리고 있는 외딴집을 찾아갔다.

그러나 그들이 있었던 외딴집은 이미 불에 타 없어지고 흔적만 남아 있었다.

"최 선생님! 동하야…!"

▲ 회령 일본군 수비대 정문

유동하와 최석도 노인마저 잃은 안중근은 무작정 블라디보스토크 쪽으로 가는 산길을 더듬듯이 찾아 걸었다.

그렇게 하염없이 걷던 그는 경성(鏡城) 북쪽의 어느 깊은 산 속에서 기적적으로 살아남은 유동하를 만나게 되었다. 왜병들을 피해 숲 속에 숨어 있던 유동하가 안중근을 발견하고 뛰쳐나온 것이다.

"장군님!"

"동하야, 네가 살아 있었구나."

"장군님!"

"이게 무슨 놈의 장군이냐!"

"부대원들은 다 어떻게 됐습니까?"

"애석하게도 모두 죽었다. 그런데 나 혼자만 죽지 않고 이렇게 살아있으니…. 세상에 이런 장군도 있다더냐! 그런데 최 선생님은 지금 어디에 계시느냐?"

"장군님께서 그곳을 떠나신 후, 왜놈 수색대의 습격을 받았습니다."

"…."

"최 선생님은 참으로 훌륭히 싸우시다가 장렬하게 전사하셨습니다!"

"훌륭히…?"

"혼자서 왜병 두 놈을 해치운 다음 탈출하시려다가 실패하셨지만 그 솜씨는 정말 비호같았습니다."

"음…."

"차라리, 차라리 제가 죽었어야 하는 건데…."

유동하는 어깨를 들썩이며 오열했다.

"동하야, 엔치야로 가자. 그곳에서 의병을 다시 모아 오늘의 이 빚을 꼭 갚으러 오자."

안중근이 유동하와 함께 두만강을 건너 엔치야 기지로 돌아오자 절망적인 소식이 두 사람을 기다리고 있었다.

그동안 이범윤 장군 부대의 소식을 몰라 궁금했었는데, 그 쪽도 역시 일본군에게 참패를 당했다는 것이었다.

엔치야 기지에는 블라디보스토크에서 온 최혜란이 벌써부터 와서 안중근을 기다리고 있었다.

"고맙게도 살아 돌아오셨군요!"

최혜란이 차분한 목소리로 조용히 말했다.

"이범윤 장군께서도 경원에서 엄인섭 부대와 합류하지 못한 채 일본군의 습격을 받고 간신히 살아 돌아오셨답니다."

"혜란 양! 아버님께서는…."

"알고 있습니다. 블라디보스토크에서부터 이미 알고 있었습니다. 저는 지금 선생님을 만나기 위해 엔치야에 와 있는 것입니다."

최혜란은 조금도 동요하지 않았다.

"여기를 떠나실 때부터 저는 아버지의 최후를 이미 예감하고 있었습니다. 그러니 이제 새삼스럽게 아버님의 죽음을 슬퍼하지 않겠습니다."

"혜란 양!"

"러시아 신문기자들의 제보로 우리 대동공보사에서는 동지들의 슬픈 소식을 이미 사흘 전에 대대적으로 보도했습니다."

"부끄럽소이다. 혜란 양!"

"선생님은 지금 저와 함께 블라디보스토크로 가셔야 합니다."

"블라디보스토크로?"

"이 곳에서는 선생님의 상처를 안심하고 치료할 수 없습니다."

혜란은 멍한 얼굴로 서있는 안중근에게 계속 재촉을 했다.

"선생님, 이제 이곳 엔치야 의병기지는 황폐한 들판으로 변하고 말 것입니다. 그러니 지금 곧 저와 함께 블라디보스토크로 떠나셔야 합니다. 이미 이강 선생님과 상의를 하여 안 선생님이 거처하실 곳을 그곳에 준비해 놓았습니다."

"혜란 양! 면목 없소이다."

회령에서의 참패는 안중근의 생애에 있어서 가장 뼈아팠던 통한의

기록이었다.

'나의 생애에서 지난 1년 동안은 치욕과 가소(可笑) 그리고 분개 이 세 마디로 밖에는 달리 표현할 길이 없다!'

안중근은 이 때의 의병시절을 후일 이렇게 표현했다. 그리고 러시아 영토에서 자신의 의병활동은 조국광복에 조금도 도움을 주지 못했다고 스스로 시인하고 있었다.

그 해 5월 초, 최혜란을 따라 블라디보스토크로 돌아온 안중근은 회령전투에서 입은 대퇴부 총상의 악화로 병상에 누운 채, 미칠 듯한 분노와 자책의 틈바구니에서 신음하는 나날을 보내고 있었다.

"그냥 누워 계세요."

"괜찮소, 이젠…. 오신 지 오래되셨소?"

"네, 조금…."

"미안하오."

"잠꼬대를 많이 하시더군요."

이 당시, 안중근은 잠이 들기만 하면 악몽속에서 동지들의 이름을 부르며 괴로워하곤 했다.

"꿈 속에서 무척 괴로워하시는 것 같아서 깨워 드린 거예요."

"미안하오. 혜란 양에게도 동지들에게도 나는 죄인이오."

"선생님, 아버지의 얘기는 더 이상 하지 않기로 약속하셨잖아요. 이제 그만 하세요."

최혜란은 수시로 찾아와 안중근을 정성껏 간호했다. 그리고 바깥 소식도 자세히 전해 주었다.

"선생님, 반가운 소식이 있어요. 지난번에 안 선생님을 고발했던 알렉세이 대좌가 본국으로 전속되어 갔습니다."

"알렉세이 그 놈이?"

"그래서 러시아 경찰이 지난 번의 이토 슈우사쿠 사건은 증거가 있는 뚜렷한 사건도 아니고 해서 선생님에 대한 수배를 해제했답니다."

이제 안중근은 블라디보스토크에서 자유의 몸이 된 셈이었다.

"이제는 나가서 좀 돌아다녀도 되겠군요."

이렇게 말하면서 안중근이 일어서려다가 상처 부위가 고통스러워 주저앉자 최혜란이 재빨리 그를 부축했다.

"그것 보세요. 아직 다리를 쓰시면 안되요. 갑갑하시면 이쪽 의자로 옮겨 앉으세요."

"꼬박 두 달을 누워 있었는데도 낫지 않는 다리라면 차라리 잘라내는 것이 낫겠습니다."

그 때 유동하가 찾아왔다.

"선생님! 선생님께서 하루 빨리 병상에서 일어나셔야 합니다."

"그래, 내가 빨리 일어나서 의병동지들을 다시 규합하여야 할텐데…."

"선생님, 이번 회령전투에서 아까운 동지들을 너무 많이 잃었습니다."

"동하야, 나도 그 생각만 하면 가슴이 무너지는 것 같다. 하지만 을미년 이후, 왜놈들과 싸우기 위해 국내외에서 일어난 의병들이 수만 명이다. 그중에서 이미 1만4천여 명이 적탄에 맞아 쓰러졌고, 또 지금 이 시간에도 수 많은 우리의 의병동지들이 쓰러져 가고 있다. 이번에 우리가 다시 동지를 모아 일어나면 내가 죽기로 하고, 그 다음에는 동하 네가 죽고, 이렇게 대를 이어가며 싸워야 한다. 그 길 밖에는 없다!"

안중근은 이어 최혜란에게도 말했다.

"최 동지에게도 부탁을 해야겠소. 우리가 이 낯선 불모의 땅에서 의병을 양성하여 국내로 쳐들어 가는 목적이 무엇인지 알고 있을거요."

"왜 새삼스럽게 그런 말씀을?"

"우리의 궁극적인 목적은 우리의 힘으로 일제 통감부를 몰아내고 그 치욕적인 을사늑약을 폐기시키는 것이오!"

"잘 알고 있어요."

"우리는 침략의 원흉인 이토 히로부미를 민족의 이름으로 처단하는 그 날까지 계속 싸워야 하오. 그러니 최 동지나 이강 선생 같은 분들은 최선을 다해 우리의 의병들이 주권회복을 위해 일제와 싸우고 있는 사실을 세계만방에 알려야 할 것이오. 그렇게 해야만 세계 각국이 우리 의병들의 항일투쟁을 국제공법(國際公法)에 준거한 교전단체로 승인할 것이오. 더욱이 이번에 단재 신채호 선생이 대동공보사로 오시게 되었다니, 이 기회에 국제적인 여론을 일으킬 수 있도록 맹활약을 해주셔야겠소!"

날아든 소식

1909년 7월 12일.

동토의 땅 블라디보스토크에도 여름은 어김없이 찾아왔다.

조선 침략의 원흉, 조선 통감 이토 히로부미는 이완용 내각으로부터 사법권 위임과 군대해산 등, 조선을 일본의 영토로 삼으려는 마지막 쐐기를 박은 다음, 통감 자리를 소네 아라스케 부통감에게 물려주고 본국으로 돌아갔다.

그것은 이제 조선을 요리하는 것은 끝났으므로 소네에게 맡겨도 안심이 되겠기에 이제 이토는 만주와 몽고 쪽으로 손을 뻗치기 위한 야심에서였다.

때는 9월 하순, 여름이 찾아 왔는가 했는데 어느 틈엔가 가을이 다가왔다.

블라디보스토크의 짧은 여름을 보내고, 또다시 의병투쟁을 하기 위해 동분서주하고 있는 안중근에게 실로 충격적인 소식이 날아들었다.

"안 동지, 이것 좀 보십시오!"

"예?"

대동공보사 주필 이강이 러시아 신문 한 장을 들고 안중근의 숙소로 달려왔다.

"아니, 이것은 이토 히로부미의 사진 아닙니까?"

"그렇습니다."

"뭐라고 씌어 있습니까?"

안중근은 러시아어를 몰랐으므로 신문기사 내용을 이강에게 물었다.

"일본 정부 원로 이토 히로부미, 10월 하순경에 만주 시찰 예정이라고 씌어 있군요."

"뭐라구요?"

안중근은 눈을 부릅떴다.

"이토 히로부미란 놈이 만주 땅으로 온단 말입니까?"

"그 자가 하얼빈에서 러시아 정부요인과 만나 조선에 대한 적극적인 정책과 새로이 만주와 몽고를 분할 침략하려는 계획을 실현시키기 위해 이를 러시아로부터 양해를 구할 심산인 것 같습니다."

"이등박문, 이 늙은 여우같은 놈!"

안중근은 이토의 사진이 실린 러시아 신문을 노려보며 몸을 부르르 떨었다.

"이 선생님, 그 기사를 우리말로 좀 읽어 주십시오!"

이강이 그 기사를 번역해서 읽어 주었다.

「일본 정부 원로이며 조선 통감을 역임한 바 있는 추밀원의장(樞密院議長)인 대훈위공작(大勳位公爵) 이토 히로부미는 북만주 시찰여행 계획을 발표했다.

도쿄로부터의 통신에 의하면 이토 히로부미는 오는 10월 하순경 일본 군함 아키즈시마호 편으로 관동주(關東州) 대련(大連)에 도착할 예정이며, 북만주 여행 시에는 동청철도(東淸鐵道)에서 제공하는 특별열차를 이용할 예정이라고 한다.

그는 이번 여행 중에 하얼빈에서 러시아 재무대신 코코흐체프와 회담할 것을 희망하고 있으며, 이 회담에서는 극동문제 전반에 걸친 러일 양국간의 정책에 대한 의견을 교환할 것으로 보인다.」

안중근은 이강이 읽어준 기사내용을 다 듣고 나자 책상을 쾅하고 내리쳤다.

"이런 죽일놈! 그 놈이 조선 통감 자리를 슬그머니 물려주고 돌아가더니 바로 이러려고 그랬구만…!"

"그렇소, 안 동지! 우리 조선을 침략한 그 솜씨로 만주와 몽고에까지 침략의 손을 뻗치려는 것이 틀림없는 것 같습니다."

"그러면 어떻게 하지요? 막아야겠죠, 이 선생님?"

"막다니, 어떻게요?"

"어떻게든 막아야 할 것 아닙니까? 그 자가 만주와 몽고까지 저희 천황에게 바치려는 것을 막아야 할 것 아닙니까?"

"…"

"만일 그 놈이 조선처럼 만주까지 먹어치우면 우리나라의 국권 회복은 더욱 어렵게 됩니다. 그러니 그 놈을 이번에 한칼에 없애버려야겠습니다."

"안 동지!"

"가야겠습니다. 이 선생님! 제가 기필코 그 놈을 쏘아 죽이든지 찔러 죽이든지 없애야겠습니다!"

그렇지 않아도 안중근은 오래전부터 이토를 죽이려고 했었다. 조선 땅에서는 삼엄한 경계망을 뚫고 이토를 죽일 방법이 없었기에 어쩔 수 없었지만, 항상 그는 일제침략의 원흉인 이토를 자기 손으로 거꾸러뜨려야겠다는 생각을 하고 있었다.

그러다가 지난 7월, 이토가 일본으로 돌아갔다는 소식을 듣고 안중근은 안타까운 마음을 금할 길이 없었다. 그가 통감으로 있을 때 거꾸러뜨리지 못한 것이 원통해서였다.

그러던 터에 이토가 만주로 온다고 하니 안중근은 한편으론 반갑기까지 하였다.

작년 3월 미국에서 장인환, 전명운 두 의사가 친일파 미국인 스티븐스를 사살했을 때였다. 이 소식을 듣고 안중근은 무릎을 탁 치며 우뢰와 같이 큰소리로 이렇게 외쳤다.

"장하구나, 두 의사여! 조금만 더 기다려라. 이제 제2의 장인환, 전명운이 곧 나올 것이다!"

그리고 거리로 뛰쳐나간 안중근은 두 의사의 의거를 경모하는 기부금을 모집하여 미국으로 보냈다.

사실 안중근은 그보다도 훨씬 전에 이미 이토를 죽일 것을 결심했었다. 을사늑약을 맺고 이토가 초대 통감이 되었을 때 안중근과 그의 부친 안태훈은 크게 격분했다. 그 전부터 안태훈은 아들 중근을 중국

상해로 보내 독립운동을 하게 하려고 했으나, 일제의 날카로운 눈초리 때문에 그 뜻을 이루지 못한 채 각지로 의병을 규합하러 다니다가 쓰러져 그만 숨을 거두었다.

진남포에서 부친의 부음을 듣고 달려온 안중근은 부친의 장례를 마치자 바로 서울로 올라갔다. 당시 서울에는 합병을 반대하기 위해 조직된 보안회(保安會)라는 우국단체가 있었다. 안중근은 회장 원세성을 찾아가 단호한 결의로 그의 구국방략을 주장하였다.

"나는 우선 침략 당사자인 이등박문(이토 히로부미)과 임권조(林權助:하야시 곤스케 공사)를 비롯하여 일본과 조선의 고관대작과 관리들을 도살하려고 하오. 이완용, 송병준 등 매국적도 함께 말이오!"

"어떤 방법으로 그런 일을 하려고 하오?"

"내가 이미 동지 20명을 규합했으니 보안회에서 30명만 선발해 주면 50명의 결사대로 쉽게 거사할 수가 있소!"

그러나 보안회는 아직 무력 투쟁까지는 생각하지 않고 있었으므로 결사(決死)라는 말에 미리 겁부터 먹고 머뭇거리며 대답을 하지 못했다. 안중근은 그들과 의견조정이 되지 않자 분연히 자리를 박차고 일어났다.

"나라를 빼앗긴 마당에 벌레만도 못한 목숨을 아껴 어찌 일본 놈들의 침략을 막아낼 수 있겠소!"

안중근이 이토를 죽이려고 한 것은 이때뿐만이 아니었다. 백규삼의 집에서 열두명의 혈우(血友)가 단지맹세를 할 때였다.

그 때 안중근은 이렇게 분연히 말했었다.

"두고 보시오, 내가 3년 안으로 이등박문을 죽이고 말겠소!"

그 자리에서 안중근과 백규삼은 이토를 죽이기로 하고, 이규풍과 강만국은 매국노 이완용을 도살하기로 맹세했었다. 그리고 만일 그들이 3년 안으로 일을 성사시키지 못하면 자기들의 무능과 국가의 죄인됨을 자살로써 속죄하기로 약속했던 것이다.

그러나 그로부터 1년도 채 되기 전에 그 자리에 있던 동지들은 대부분 적탄의 이슬로 사라지고 안중근과 몇몇 동지들만 살아남아 있는 것이다.

"오냐! 내가 네 놈을 죽여주마!"

안중근의 피가 이렇게 용솟음치고 있을 때 유동하가 찾아왔다.

"잘 왔다, 동하야!"

"무슨 일이십니까? 선생님!"

"드디어 큰일을 할 기회가 왔다. 분명 너는 나에게 목숨을 맡기겠다고 약속을 한 적이 있었지?"

"예, 선생님! 제 목숨이 필요하시면 언제라도 말씀만 하십시오."

"그러면 됐다. 이제 네 목숨을 꼭 써야 할 때가 왔다."

안중근과 함께 있던 이강이 두 사람 사이에 나섰다.

"그러나 안 동지, 그건 쉬운 일이 아닙니다."

"저도 쉬운 일이 아니라는 것은 알고 있습니다. 그러나 이번에는 반드시 성공할 것입니다."

이 때 유동하가 안중근에게 편지 한통을 내놓았다. 이강을 만나려고 신문사에 들렀다가 안중근에게 온 편지가 있길래 가져왔다는 것이다.

아내에게서 온 편지였다. 그가 떠나온 후 두 번째로 받는 아내의 편지였다. 그러나 안중근은 그 편지를 받아서 뜯지도 않고 옆에 놓아두었다.

"선생님, 왜 편지를 보지 않으십니까?"

"편지를 보는 거야 나의 사사로운 일이니 하나도 급할 것이 없다. 그것보다도 동하야, 이 신문을 좀 봐라! 이게 누군지 알겠니?"

"이토, 이토 히로부미 아닙니까? 우리 민족의 원수인 이등박문 아닙니까?"

"그렇다! 동하야, 너도 이 자의 얼굴을 똑똑히 기억해 두어야 한다. 이 사진을 며칠이고 보면서 기억해라. 실물을 보면 금방 알아볼 수 있도록, 그리고 너는 지금 곧 엔치야로 떠나거라!"

유동하는 안중근의 의도를 직감적으로 느끼고 온 몸에 전율을 느꼈다.

"엔치야로요?"

"엔치야로 가서 우리와 뜻을 같이 할 수 있는 동지 몇 사람을 데려와라!"

그러자 두 사람의 대화를 묵묵히 듣고 있던 이강이 다시 나섰다. 좀더 신중히 생각하고, 너무 급하게 서둘지 말라는 것이었다.

"생각해 볼 것이 뭐가 있습니까! 아니, 그럼 이 놈을 그냥 살려 두라는 말씀입니까?"

"안 동지! 경우에 따라서는 그럴 수도 있는 일입니다."

"예에?"

"이루어지지 않을 일은 시작하지 않는 것만도 못한 것입니다."

"그게 무슨 말씀입니까?"

"나는 안 동지의 속마음을 누구보다도 잘 알고 있습니다. 그러나 안 동지! 지난 번 회령에서의 참패를 거울로 삼읍시다!"

안중근은 한숨을 푹 내쉰채 할 말을 잃었다.

"회령에서의 패전을 말씀하신다면 할 말이 없습니다."

"그러나 안 동지! 내가 안 동지의 용기를 꺾으려고 한 말은 아니니 좀더 냉정하게 생각해 봅시다. 설사 신문에 보도된 대로 이토란 자가 만주에 온다고 합시다. 이토는 일본에서 천황 다음 가는 거물이오. 그런 자가 만주 땅으로 오는데 어찌 그 경비가 소홀하겠소? 필경은 일본 헌병대가 경호를 할 것이고, 러시아 측의 경호 또한 승전국 국빈에 대한 예우의 차원에서 엄청나게 삼엄할텐데 어찌 용기 하나만으로 그 어마어마한 벽을 뚫을 수 있단 말이오?"

"으음….''

"그러니 좀더 시간을 두고 연구해 볼 일이오. 안 동지가 끝내 거사를 하겠다면 나도 적극적으로 돕겠지만, 다리도 아직 성치 않은 처지이니 조금만 더 기다려 봅시다."

안중근은 더이상 할 말을 잃었다. 이강이 돌아간 다음 안중근은 자신의 아픈 다리를 한탄했다.

"동하야, 내 다리가 왜 이리 낫지를 않지, 응? 이놈의 다리가 끝내

병신이 되고 말 것 같구나"

"그래도 이만하기가 다행입니다. 최혜란 동지의 극진한 간호가 아니었더라면 어떻게 됐겠습니까?"

"역시 나는 죄인이로구나. 이중삼중으로 나는 죄인이야. 그렇지 않으냐, 동하야?"

"하지만 저는 어느 때고 선생님께 목숨을 바쳐 지난번의 치욕을 씻을 각오가 되어 있습니다!"

"고맙다, 동하야!"

"어서 사모님께서 보내오신 편지나 읽어 보십시오. 선생님께서는 지난 번 엔치야에서 편지를 받으신 후에 답장도 해 드리지 않으셨습니다."

"그래, 그러고 보니 나는 아내에게조차도 죄인이로구나!"

안중근은 그제야 아내의 편지를 뜯었다.

『분도 아버지 보십시오! 지난 초여름 안 아무개라는 사람이 의병들을 이끌고 함경도 땅으로 쳐 들어왔다가 피를 흘리고 물러갔다는 신문 보도를 이곳에서도 보았습니다.

그러나 분도 아버지! 신문은 하나같이 당신들을 폭도라고 부르고 있습니다. 국내의 우리 신문들이 폭도를 토벌한 일본군 수비대의 활약상을 커다랗게 실어야 할 만큼 나라 안의 사정은 더욱 어려워진 것만 같습니다.

분도 아버지, 당신의 그 슬픈 소식을 오직 신문에서만 전해 들을 수 있는 이 곳 가족들의 안타까움을 당신께서도 능히 아시리라 믿습니다.

행여 당신께서 왜놈들의 총이나 맞지 않으셨는지, 혹은 어느 이름모를 골짜기에 쓰러지신 채 영영 일어나지 못하고 계시지나 않은지, 잠시도 마음을 놓지 못하시는 어머님의 뜻을 받들어 이제 제가 당신께서 계시리라고 짐작되는 그 곳 해삼위로 감히 먼 길을 떠나려고 합니다.」

안중근은 급히 편지를 접어서 다시 봉투에 넣고 깊은 한숨을 쉬었다. 옆에서 이를 유심히 지켜보고 있던 유동하가 물었다.
"선생님, 무슨 언짢은 소식이라도 왔습니까?"
"아무 것도 아니다."
"그럼, 왜 편지를 보시다가 말고?"
"동하야, 지금 곧 짐을 꾸려야겠다!"
"예?"
"다른 곳으로 거처를 옮겨야겠다."
"무슨 일이 있으시군요!"
"혜란 양에게 무턱대고 더 이상 신세만 지고 있을 수도 없는 일이니 일단 대동공보사로 숙소를 옮겨야겠다."
"그렇지만 이렇게 갑자기 옮겨야 할 것까지는 없지 않습니까?"
"어차피 우린 곧 먼 곳으로 떠나야 할 몸이다."
"먼 곳으로요?"
안중근은 아내의 편지를 읽고 흔들리려는 마음을 이렇게 다잡아 매고 있었다. 그리고는 그 날로 숙소를 대동공보사로 옮겼다. 활동하기에 보다 편한 곳으로 옮겨서 거사 계획을 세우기 위해서였다.
한편, 안중근의 아내 김아려는 남편을 찾아 떠나기에 앞서 성당으로 프랑스인 신부 홍석구를 찾아갔다.
"기어이 떠나시는 겁니까?"

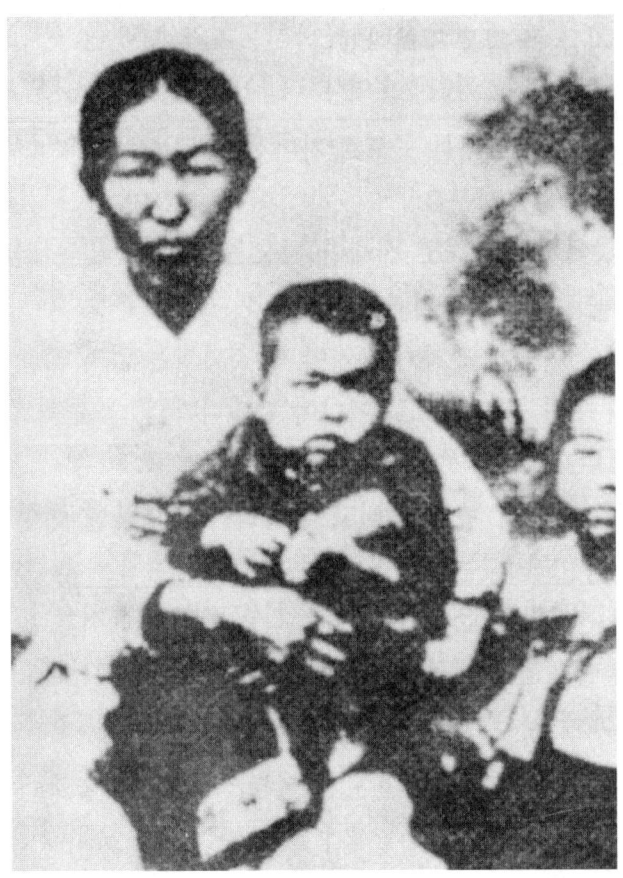

▲ 안 의사의 처 김아려씨와 자녀들

"예, 신부님! 떠나기 전에 신부님을 모시고 성사(聖事)를 드리려고 왔습니다."

"부인, 블라디보스토크는 이 곳 진남포에서 아주 먼 곳입니다."

"가는 동안의 고생은 이미 각오하고 있습니다."

"더구나 어린 분도까지 데리고 가신다는 것은 무리입니다."

김아려는 아무 대답도 하지 못한 채 조심스럽게 홍 신부에게 물었다.

"신부님, 혹시 그 이가 지금 천주님의 뜻을 거역하고 있는 것은 아닙니까?"

"무슨 말씀이십니까?"

"그 이가 떠나시던 날 기울어져가는 나라를 바로 잡기 위해 큰일을 하셔야겠다고 하기에 아무 말 없이 보내 드리기는 했습니다만, 나라를 바로 잡기 전에 우선 자신의 가정을 바로 잡아야 하는 것이 아닐까요?"

홍 신부의 얼굴에 고뇌의 빛이 역력했다. 안중근의 아내 김아려로부터 뜻밖의 질문을 받고 그는 무어라 답변할 말이 없었다.

"아, 부인! 그것은…."

"신부님, 나라라는 큰 십자가를 짊어지기 이전에 부모형제와 가정이라는 십자가를 먼저 지라고 천주님께서 말씀하지 않으셨습니까?"

"그렇습니다, 부인!"

"그렇다면 그 이는 지금…?"

"부인, 잠깐 내 말을 들어보십시오! 저는 부인보다도 안 선생을 더 잘 안다고 할 수 있습니다. 도마스…, 도마는 지금 불멸한 것에 충성을 바치고 있는 분입니다. 그리고 지금 그의 가슴 속에 가득 차 있는 것은 조국과 민족을 사랑하는 마음입니다. 그 마음이 지금 밖으로 분출되고 있는 것이니 부인께서는 너무 상심하지 마십시오. 사람의 행복이란 그에게 알맞은 일을 하는 데서 얻어지는 법이며, 죽음 또한 막는다고 막아지는 것이 아닙니다. 고귀한 사람은 일찍 죽는다고 하지 않았습니까?"

홍 신부는 계속해서 말을 이었다.

"부인, 저 촛불을 보십시오. 저 양초는 남을 밝히기 위해 자신을 태우고 있습니다. 참다운 인생은 모두가 희생입니다. 나는 절대로 부인께서 안 선생을 찾아가는 것을 말리지는 않습니다. 그러나 안 선생의 조국과 민족을 위하는 고매한 인격, 그것만은 부인이 침범하시면 안 됩니다. 아시겠습니까?"

"예…. 흐흑!"

"부인은 지금 나와 약속했습니다. 그리고 블라디보스토크에 가시거든 내 말을 꼭 전하십시오. 안 선생이 하는 일이 이루어지도록 이 홍 신부도 하나님께 기도를 드린다고…."

유창한 조선말이었지만, 서양인의 억양 특히 프랑스인의 악센트로 묘한 억양을 내는 홍 신부의 말은 소리 없이 흐느끼는 김아려의 가슴을 잔잔하게 두드려 주고 있었다.

홍 신부와의 면담을 끝낸 김아려는 어린 아들 분도를 데리고 성당을 나왔다. 그 길로 블라디보스토크로 가려는 것이었다.

그러자면 먼저 원산(元山)으로 가야만 했다.

1909년, 지금으로부터 약 100여 년 전의 일이니만큼 남자도 가기 힘든 머나먼 타국 땅으로 망명객 신세가 되어 정처 없이 떠도는 남편을 만나기 위해 여자 혼자, 더욱이 어린 아이를 데리고 떠난다는 것은 매우 힘든 일이었다. 물론 수많은 망국이민들이 남부여대(男負女戴)하여 떠나간 길이었지만….

제2장
하얼빈의 총소리

거사(擧事)계획

큰 뜻을 위한 희생

하얼빈의 낯선 방문객

정체 모를 안내자

숨가쁜 거사 직전

쓰러지는 거흉(巨兇)

비굴한 어릿광대들

거사(擧事)계획

　대동공보사로 숙소를 옮긴 안중근은 우선 유동하를 엔치야로 보냈다. 혼자서는 이 일을 할 수 없기 때문에 함께 거사를 할 동지들을 규합해오기 위해서였다.
　이 무렵, 황해도의 의병수령인 이석산이 엔치야의 최재형에게 들렀다가 블라디보스토크로 온다는 소식이 왔다.
　이석산은 많은 돈을 가지고 무기를 구입하러 연해주로 갔다가 최재형으로부터 블라디보스토크에 가야 구할 수 있을 것이라는 말을 듣고 이쪽으로 향하게 되었는데, 안중근은 다소의 군자금을 얻을 계획으로 그를 기다렸다.
　이석산은 안중근과 같은 황해도 사람이었으므로 군자금 융통이 쉬울 것 같았다.
　그렇게 되면 유동하가 함께 거사할 동지만 데리고 오면 자금과 동지가 모두 해결되는 셈이었다.

때맞춰 그 곳에서 발행되는 원동보(遠東報)라는 신문에 이등박문의 만주 방문에 대한 속보가 또 한 차례 보도되었다. 이토가 하얼빈에서 러시아 재무대신 코코흐체프와 회견하고 돌아가는 길에 블라디보스토크를 거쳐 배를 타고 귀국할 것이라는 기사와 함께 이토와 코코흐체프의 사진이 나란히 게재되어 있었다.

안중근은 대동공보사 편집국장 유진율과 주필 이강에게 재차 그의 거사 계획을 의논했다.

"이등박문이 하얼빈 뿐만이 아니라 이 곳 블라디보스토크에까지 죽으러 오겠답니다. 그래도 이 놈을 그냥 살려 보낸단 말입니까?"

"그냥 살려 보낼 수야 없지!"

유진율은 안중근의 거사 계획에 적극 찬성했다. 그러나 유진율이나 이강이 거사에 관련되거나 직접 나선다는 것은 대동공보사의 운명이 걸려있는 아주 위험한 일이었다. 뿐만 아니라, 블라디보스토크에 거류하는 수많은 동포들이 그로 인해 피해를 보게 될 것이 분명했다.

안중근이 결연히 말했다.

"제가 하얼빈으로 가겠습니다. 그 곳에는 이 곳보다 우리 동포들이 적으니 그곳 하얼빈에서 그 놈을 죽이는 것이 제일 좋겠습니다. 또한 두 나라 거두가 회담을 한다고 떠들썩한 그 곳에서, 그 놈이 또 다른 음모를 성사시키기 전에 죽여야만 더 큰 뜻이 있습니다."

"하지만 안동지가 하얼빈까지 가서 그러는 건 무리요!"

"아닙니다. 저 혼자서라도 가겠습니다!"

"차라리 이 곳에서…."

"이곳에서는 절대로 안됩니다. 지금 이 해삼위는 우리 망명객들의 전초 기지입니다. 그리고 이 곳은 무기를 손쉽게 구할 수 있는 우리 의병들의 생명선이며 희망인 곳입니다. 그러기에 이 곳에서는 절대로 거사하지 않겠습니다."

"그 말도 일리가 있기는 하지만 하얼빈에서는 뜻대로 되겠소?"

"여기보다는 오히려 하얼빈에서 거사하기가 유리할 것입니다."

"어째서 그렇소?"

"이 해삼위에는 우리 동포들이 많이 살고 있고, 또 지난 번에 제가 이토 슈우사쿠란 놈을 죽인 일도 있고 해서 경계가 매우 삼엄할 것입니다."

안중근의 의견에 유진율과 이강은 고개를 끄덕였다. 그러나 유진율과 이강이 거사에 직접 나서지 못할 입장인 관계로 거사에 참여할 동

▲ 한복 차림의 이토(오른쪽은 민족의 반역자 이지용)

제2장 하얼빈의 총소리 115

지가 두어 사람은 더 있어야 했다. 이제 남은 문제는 거사에 참여할 동지들을 구하는 것이었다.

이때 엔치야로 간 유동하로부터 전화가 걸려 왔다. 안중근은 전화를 받자 역정부터 냈다.

"동하야, 도대체 며칠만이냐?"

"선생님! 여기서는 도저히 동지를 구할 수가 없습니다."

"뭐라구?"

"이 곳에는 회령전투에서 살아 돌아온 동지들이 아무도 없습니다."

"아무도…?"

"예! 그리고 러시아 관헌들의 감시가 심해져서 의병동지들이 다시 모여들 것 같지도 않습니다."

"알았다. 그러면 너라도 빨리 돌아오도록 해라!"

안중근은 맥이 풀린 듯 전화를 끊고 숙직실로 들어갔다. 그리고는 책상 위에 지도를 펴 놓고 손가락으로 하나하나 짚어가며 거사 계획을 검토했다.

"음…, 여기가 장춘(長春)…, 채가구(蔡家溝), 하얼빈!"

그러다가 그는 주먹으로 책상을 꽝하고 내리쳤다.

"최소한 세 사람은 필요해. 세 사람…!"

이 때 유동하로부터 전화를 받을 때 옆에 함께 있던 최혜란이 대동공보사 숙직실로 들어왔다.

안중근은 아무 생각없이 최혜란에게 물었다.

"최 동지, 누구 한 사람만 더 없겠소?"

"아니, 몇 사람이면 되기에 그러세요?"

"현지에서 사정이 어떻게 달라질지는 모르지만 최소한 세 사람은 있어야 할 것 같소."

"그러시면…"

"누구 생각나는 사람이 있소?"

최혜란은 안중근의 얼굴을 뚫어지게 쳐다보았다.

"선생님!"

"누구요?"

"제가 가겠어요!"

"핫하하…"

안중근은 어처구니가 없다는 듯 허탈하게 웃었다.

"허락해 주세요. 제가 가겠습니다. 최소한 세 사람이 필요하다고 하지 않으셨어요? 제대로 배운 적은 없지만, 마적단의 위협 속에서 살아오는 동안 저도 총 쏘는 솜씨 하나만은 제대로 익혔습니다."

"최 동지, 그러면 우리의 원수 이토가 묘령의 처녀가 쏜 총탄에 쓰러지겠구려. 묘령의 조선인 처녀의 총탄에 쓰러진 일본 제국의 거물 이등박문! 신문에 이렇게 대서특필이 되겠군요."

"그러면 허락하시는 거죠?"

"그건 안되오!"

"선생님! 저는 오히려 여자니까 다른 사람보다 의심을 덜 받을 수 있습니다."

"안되오!"

"선생님은 지난 번에도 저의 부탁을 거절하셨어요. 그러나 이번에는 거절하지 마시고 저를 꼭 데려가 주세요!"

"더이상 나를 파렴치한 죄인으로 만들지 마시오!"

"네에?"

"나는 혜란 양의 아버님을 돌아가시게 한 사람이오. 그리고도 나는 혼자만 살아 돌아와 혜란 양에게 많은 신세를 질 수밖에 없었소. 그런데 또 혜란 양에게 죽음의 길을 같이 가자고 하란 말이오?"

최혜란은 굳은 결심을 한 듯 완강했다.

"선생님, 저는 진심으로 선생님을 존경하고 있어요. 선생님을 돕고 싶은 마음뿐, 그밖에는 아무런 소망도 욕심도 없습니다."

어느새 최혜란은 울음을 터뜨리고 있었다.

"선생님을 돕고 싶은 마음은 누구에게도 지지 않을 거예요. 선생님이 사랑하시는 부인보다도 더…."

"그만!"

안중근이 벌떡 일어나며 소리를 질렀다.

"최 동지는 지금 냉정을 잃고 있소. 최 동지가 나를 아끼는 것과 이등박문을 죽이는 것과 무슨 관계가 있소?"

"그러면 이번에도 선생님께서는 끝내 저를 안 데리고 가시겠다는 말씀이신가요?"

"물론이오!"

최혜란은 와락 울음을 터뜨렸다. 안중근은 창밖으로 시선을 돌리며 혼잣말처럼 중얼거렸다.

"최 동지의 그 열성이나 뜻은 잘 알고 있소. 그렇기 때문에 더 안된다는 것이오. 하얼빈에 가면 뜻을 같이 할 동지를 구할 수 있을 것이오. 그러니 최 동지는 너무 걱정하지 마시오."

안중근이 끝내 최혜란의 청을 거절하고 밖으로 나가자 최혜란은 책상에 엎드려 한참을 흐느껴 울었다. 그녀는 안중근을 사모하고 있었던 것이다.

그리고 며칠 후, 10월 초순인데도 블라디보스토크에는 이미 겨울이 와 있었다. 벌써 차갑고 스산한 바람이 씽씽 불어오고 있는 거리의 풍경은 마치 뭔가를 초조히 재촉하는 듯 스산했다.

최혜란으로 인해 가슴이 울적해진 안중근에게는 거리의 풍경이 더욱 을씨년스럽게 느껴졌다.

그 날도 안중근은 함께 거사를 할 동지를 구하기 위해 까레스키 슬라디보드카의 한인부락을 찾아가고 있었다. 그가 막 부둣가의 마치와야 거리를 지나가고 있을 때였다.

느닷없이 한 사나이가 안중근에게 달려왔다.

"안 동지!"

"으응?"

"나요, 우덕순이오!"

안중근은 잠시 멍한 얼굴로 그를 쳐다보았다.

우덕순 역시 감정이 북받친 듯 울먹이는 음성으로 안중근을 불렀다.

"안 동지!"

"살아 있었구려! 우 동지, 살아 돌아 왔구려…!"

안중근은 우덕순의 양어깨를 으스러지게 껴안았다. 그는 12인 단지동맹원 중의 한 사람인 우덕순이었다. 회령전투에서 죽은 줄만 알고 있었던 우덕순이 안중근이 앞에 나타난 것이다.

두 사나이는 길거리에서 부둥켜 안은 채 감정을 억제하지 못하고 어쩔 줄 몰라했다.

"우동지 도대체 이게 어떻게 된 일이요?"

"지난 달 함흥(咸興) 감옥에서 탈옥을 했소!"

"함흥 감옥에서 탈옥을…?"

"안동지, 나는 회령전투 때 왜놈의 회령 수비대에 생포되어 재판 끝에 7년 언도를 받았소."

"…"

"그런데 그 놈의 징역살이를 하고 있자니까 언제 큰일을 다시 하랴 싶어 기가 막히더군요. 그래서 조도선과 같이 탈옥을…."

"아니, 조도선! 조도선 동지도 살아있소?"

"조 동지도 함께 탈옥을 했소."

"장하오! 우 동지, 참으로 장하오!"

"왜놈들의 포위망을 뚫고 돌아온 안 동지에 비하면 부끄럽소."

"아니오. 동지들을 다 죽이고 나 혼자 살아오면서 몇 번이나 죽으려고 생각했는지 모르오."

"안 동지, 조도선이 있는 곳으로 같이 갑시다. 그는 고향 사람의 도움으로 이곳 하얼빈에서 세탁소를 차리려고 가게를 얻어 놓았소. 안 동지를 만나면 아마 미치도록 기뻐할 거요."

"갑시다. 정말 꿈같은 일이오. 정말!"

안중근이 이토를 암살하려는 계획은 그 날 뜻밖의 두 사람을 만나게 되면서 더욱 활기를 띠기 시작했다.

안중근, 우덕순, 조도선 세 사람은 함께 근처 술집으로 들어갔다. 그곳에서. 안중근의 거사계획을 듣고 난 조도선과 우덕순은 자기들도 함께 거사에 동참할 것을 맹세했다.

"알겠소! 안 동지와 함께인데 무엇을 더 생각하겠소!"

"고맙소, 조 동지!"

"나도 오늘 신문에 난 그 기사를 보고 이를 갈고 있던 중이었소."

"조 동지! 오늘 신문에 뭐가 또 났소?"

"아니, 못 보았소?"

조도선은 주머니에서 신문 한 장을 꺼냈다.

"보시오! 그 자가 16일에 일본 모지(門同)항을 떠나 18일 대련(大連)에 도착, 여순(旅順), 봉천(奉天)을 거쳐 하얼빈으로 간다는 일정표가 여기 이렇게 자세히 나와 있소!"

"오늘이 며칠이요?"

"10월 초이틀이오."

"동지들, 서둘러야겠소. 그 놈을 앞질러 하얼빈으로 가서 거사계획을 준비하려면 좀 급하게 되었소!"

"내일 밤 유동하가 엔치야에서 돌아오는 대로 내 처소에서 다시 모입시다. 그리고 자세한 계획을 세우는 대로 곧 여기를 떠납시다!"

▲ 초대 통감이 된 이토 히로부미

세 사람은 감개무량했다. 서로 다시 만난 것 뿐만이 아니라, 이렇게 빨리 큰 일을 함께 하게 되다니 정말 꿈만 같은 일이었다. 조도선이 독한 보드카를 쭉 들이키고 나서 내뱉듯이 말했다.

"우덕순 동지와 함께 함흥감옥을 탈출하면서도 언제인가 안 동지를 만나게 되면 다시 큰일을 하리라 생각은 했지만 이렇게 빨리 기회가 오다니…!"

"자, 우리의 성공을 빌면서 같이 건배를 합시다."

우덕순은 다음 날로 대동공보사 집금원으로 발령이 났다. 그는 안중근과 함께 기거하면서 거사 계획을 같이 세우기로 했다.

그 날 밤 유동하가 엔치야에서 돌아오자 네 사람은 안중근의 숙소인 대동공보사 숙직실에 다시 모여 거사계획을 다시 검토했다.

안중근이 세 사람에게 약도 한 장씩을 건네주며 말했다.

"여기 장춘은 철도 교차점이므로 기차가 정차하는 시간이 그만큼 길어서 우리에게는 유리한 장소이니 조도선 동지와 유동하가 맡고, 우 동지는 장춘과 하얼빈 사이를 담당하는 것이 좋을 것 같소."

"…."

"그리고 만약 이등박문을 장춘에서 죽이지 못하고 또 장춘과 하얼빈 사이에서도 죽이지 못할 경우를 생각해서 마지막으로 내가 하얼빈 역에서 기다리겠소!"

그러자 조도선과 유동하가 조심스럽게 말했다.

"안 동지 혼자서 그 넓은 하얼빈 역을 감당하려면 힘들텐데…?"

"그렇습니다. 선생님 혼자서는 힘드십니다."

제2장 하얼빈의 총소리

"하지만, 일단 그렇게 결정을 하고 떠납시다. 우 동지와 조 동지를 만나기 전까지만 해도 나와 유동하, 단 둘이서 만이라도 거사를 하기로 했던 일인데 이제 두 동지까지 있는데 더 무엇이 걱정이겠소. 일단 하얼빈에 가서 각자가 맡은 장소를 답사한 후에 다시 의논합시다."

"그렇게 합시다!"

"좋소!"

"신중함은 과오를 범하지 않는 법입니다. 우리 모두 최선을 다합시다!"

이 때 이강이 들어왔다.

"수고들 하시오. 어떻게 상의들은 잘 되었소?"

"예, 대강 결정을 하였습니다. 뜻이 있는 곳에 길이 있다고 하였으니 무엇인들 안 되겠습니까?"

"암, 그렇지요."

"안 동지로부터 이 선생님 말씀은 많이 들었습니다. 이번에는 이 선생님의 도움을 많이 받아야 할 것 같습니다."

조도선이 이강에게 정중하게 인사를 끝내자 안중근이 이강에게 물었다.

"아, 그 여행증명서는 해결이 됐습니까?"

"미하일로프 대좌에게 부탁을 해놨습니다."

"그럼, 최혜란 동지가 또 수고를 해야겠군요."

"아니오. 미하일로프와는 신문사와의 관계도 좀 있는 처지여서 나도 잘 알고 있는 사이입니다."

"아, 다행입니다."

"우덕순 동지와 조도선 동지의 것도 함께 추가로 부탁해 놓았으니 염려하지 마십시오."

"감사합니다, 이 선생님!"

"모두가 우리 일인데 누가 인사를 하고 누가 인사를 받는단 말이오. 우리 다 같이 성공을 빕시다!"

큰 뜻을 위한 희생

이강이 이번 의거의 성공을 거듭 다짐하면서 편지 한통을 안중근에게 전해주었다.

"안동지! 이것 좀 보십시오!"

"뭡니까?"

"조금 전에 사무실에 들렸더니 혜란 양의 책상 위에 이 편지가 놓여 있더군요."

편지를 받아 읽어 내려가던 안중근의 안색이 차츰 굳어졌다.

『안 선생님! 예의가 아니고 도리가 아닌 줄은 아오나, 저만 홀로 남고 선생님이 떠나시는 마당에 그것을 감내하기 어려워 이곳을 떠납니다. 제가 할 일이 무엇이며 갈 길이 무엇인지 좀더 생각하렵니다. 부디 귀체보중하셔서 좋은 이름을 얻으십시오.』

잠시 안중근의 가슴에 소용돌이치듯 괴로운 호흡이 일었다.

이강이 안중근만 들을 수 있도록 작은 소리로 말했다.

"혜란 양이 아마 안 동지를 사모하고 있었던 것 같습니다."

"어디로 떠난 것 같습니까?"

"그건 알 수 없습니다."

"음…, 돌아가신 최석도 선생님께 더욱 면목 없게 되었습니다."

사실 안중근은 막중한 거사를 앞두고 마음이 흔들리지 않으려 애를 썼으나, 이곳 블라디보스토크에서 몇 달 동안 그가 최혜란에게서 느낀 감정은 너무도 애틋하고 소중한 것이었다. 그러던 터에 최혜란의 편지는 그에게 커다란 충격이 아닐 수 없었다. 안중근은 무척 마음이 무거웠다.

안중근은 이강에게 자신의 괴로운 심정을 토로했다.

"이 선생님, 혜란 양을 꼭 찾아야만 합니다. 만일 혜란 양이 불행한 처지에라도 놓이게 된다면, 저는 눈을 감을 때까지 감당할 수 없는 괴로움을 겪어야만 합니다."

"아니, 안 동지! 혜란 양과 무슨 일이라도 있었습니까?"

"저는 혜란 양과의 약속을 지키지 못했습니다. 혜란 양의 아버지 최석도 선생님과 함께 꼭 승전해서 돌아오겠다고 약속을 했는데, 동지들을 다 죽이고 저 혼자 살아 돌아오지 않았습니까!"

"그거야 어쩔 수 없었던 일 아닙니까? 혜란 양은 아버지에 대한 일은 이미 다 이해하고 담담한 심정으로 현실을 받아들이고 있는 이지적인 여성입니다."

"그러나…."

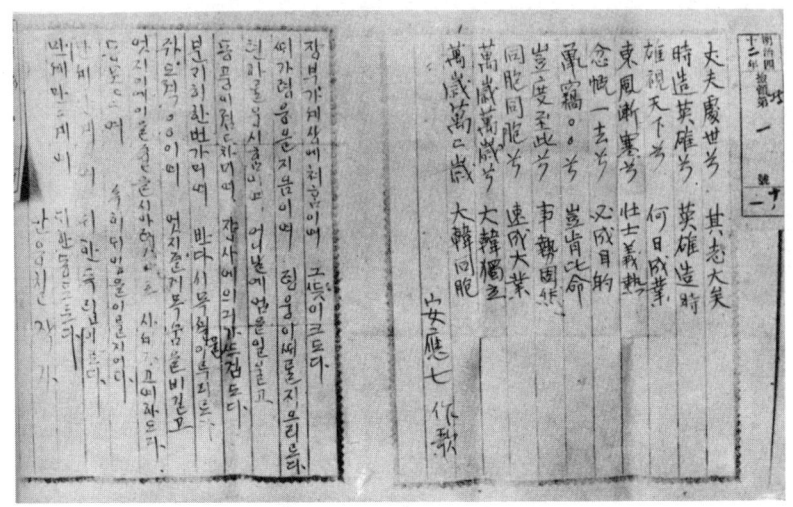

▲ 안 의사가 지은 장부가(丈夫歌). 한시 한글 모두 안 의사의 친필임.

"안동지, 혜란 양은 안 동지가 괴로워할까봐 스스로 안 동지 곁을 떠난 것 같습니다."

"어저께 혜란 양과 많은 얘기를 했습니다. 그런데도…."

"어쨌든 애석한 일입니다. 그러나 혜란 양의 일 때문에 큰일을 뒤로 미룰 수는 없지 않습니까?"

"이 선생님, 제가 떠난 뒤에라도 혜란 양을 꼭 찾아 주십시오. 어차피 저는 일의 성패를 떠나 돌아오기는 힘들 테니 의지할 곳 없는 혜란 양의 장래를 선생님께 부탁드립니다."

"그건 걱정하지 마시고, 안 동지께서는 부디 큰 뜻을 이루십시오!"

"알겠습니다. 장부의 마음이 어찌 그런 일로 흔들리겠습니까! 그러나 제가 죄를 또 하나 지은 것 같아 괴로울 뿐입니다."

최혜란의 일로 잠시 마음이 산란했던 안중근은 곧 마음을 굳게 먹었다.

"동지들, 미안하오! 이 중요한 시간에 사사로운 얘기를 하느라고 그만…."

"아니오, 안 동지! 내일은 떠나는 거죠?"

"그렇소. 내일은 우리 다같이 하얼빈으로 떠납시다."

이강이 먼저 몸을 일으키며 작별 인사를 했다.

"여러분의 장도(壯途)를 축복하겠소. 그리고 이것은 안 동지가 간직하십시오."

"뭡니까?"

"우리 대동공보사의 하얼빈 통신원으로 있는 김성옥이라는 사람에게 쓴 소개장입니다. 부가전(傅家田)이라는 주택지에 있으니 하얼빈에서 여러분이 묵을 숙소는 김성옥 동지가 마련해 줄 것입니다."

"고맙습니다."

"여러분과는 오늘 밤이 마지막인 것 같습니다. 그럼, 아무쪼록 이번 일을 꼭 성사시키십시오!"

이강이 돌아간 다음, 네 사람은 간단하게 술자리를 마주하고 다시 한 번 결의를 새롭게 다졌다.

안중근은 술잔을 들고 즉흥시 한 수를 읊었다. 이 시가 바로 안중근의 유명한 장부가(丈夫歌)이다.

장부가 세상에 태어나니 그 뜻이 크도다.

때가 영웅을 만드나니 어느 날에 업(業)을 이룰 것인가.
동풍은 점점 차갑고, 장부의 의기는 뜨겁도다.
분개히 한 번 감이여, 반드시 목적을 이루리로다.
쥐도적(이등박문) 쥐도적이여,
어찌 즐겨 (내) 목숨을 (그와) 비길 것인가.
어찌 이에 이를 줄을 헤아렸으리오, 사세가 고연하도다.
동포 동포여, 속히 대업(大業)을 이룰지어다.
만세 만세여, 대한독립이로다.
만세 만세여, 대한동포로다.

그의 넓고 큰 뜻을 직선적으로 나타낸 즉흥시였다. 이 시에는 자기의 목숨을 이등박문의 목숨과 바꾸겠다는 굳은 결의와 서글픈 아쉬움이 함께 서려 있었다.

32세의 웅걸남아(雄傑男兒) 안중근, 그러나 그는 한낱 무명의 젊은 청년에 지나지 않았다.

그에 비해 이등박문은 동양의 비스마르크로 일컬어지는 69세의 노회한 정치가요 거물이었지만, 인생으로서는 죽어도 아까울 것이 없는 나이였다.

그러나 안중근은 이제 그의 모든 것, 그의 일생을 여기에서 마감하고, 한 사람의 자객으로서 이등박문의 목숨과 자기의 목숨을 맞바꾸지 않을 수 없는 숙명에 문득 서글픈 회포를 읊은 것이었다.

다음 날 안중근은 계획대로 떠나지를 못했다. 여행증명서 발급이 늦어졌기 때문이었다.

그러다가 막상 블라디보스토크를 떠나는 날에는 눈발이 흩날리고 있었다.

"하핫…. 안 동지, 중국옷을 입고 있으니 영락없이 중국사람 같습니다."

숙직실로 들어온 이강이 안중근의 모습을 보고 웃으며 말했다.

"짐은 그것뿐이오?"

"예!"

"마차가 곧 사무실 앞으로 올 것입니다."

"감사합니다."

"이것은 동지들의 여행증명서입니다"

이강은 호주머니 안에서 또 다른 봉투를 꺼냈다.

"그리고 이건 돈이오. 받아두십시오!"

"예?"

"방금 웬 동포 한 사람이 거사자금에 보태라며 가지고 왔습니다."

"아니, 알지도 못하는 동포가 어떻게…?"

"좌우간 요긴하게 쓰십시오!"

"하지만 누가 준 돈인지는 알고 써야지요."

"안 동지에게는 말하지 않으려고 했는데 아무래도 숨길 수가 없군요."

최혜란이 편지를 남기고 어디론가 떠난 날, 이강의 집으로 웬 낯모르는 동포 한 사람이 찾아왔는데, 그는 끝내 자기의 이름을 밝히지 않은 채 혜란 양으로부터 부탁을 받았다면서 돈을 전하고 갔다는 것이다.

"혜란 양은 평소에 친분이 있던 그 사람에게 의병자금으로 헌금을 해달라고 부탁을 한 다음, 자기도 의병활동을 위해 먼 곳으로 떠난다고 하더랍니다."

"이 선생님, 저는 이 돈을 받지 않겠습니다. 이 선생님이 맡아두셨다가 이범윤 장군께서 건강을 회복하시면 그분에게 드리십시오."

"안 동지!"

"의병자금이라 했으니, 이 돈은 분명히 의병활동에 써야 합니다. 제가 어떻게 이 돈을 쓰겠습니까?"

"무슨 소리시요. 이 돈은 마땅히 안 동지가 써야 할 돈입니다. 지금 안 동지가 삼천리 강산을 지고 가는데 안 동지가 아니면 누가 이 돈을 쓰겠소. 안 동지의 이번 거사가 바로 의병활동이 아니고 무엇이겠소. 대한의군 만주원정 사령관의 직책을 수행하는 막중한 소임 아니오?"

"대한의군 만주원정 사령관…?"

"노령(露嶺) 주재 대한의군 참모중장 안중근 장군이 어떻소?"

"핫하하…. 혹시 재판정에 서게 되면 그렇게 주장하지요."

"자, 나갑시다! 지금 동지들이 안동지를 기다리고 있을 겁니다."

이 시각, 우덕순과 유동하는 조도선의 숙소에서 안중근이 오기를 기다리고 있었다.

안중근과 이강이 숙직실에서 나와 복도를 걸어가고 있을 때였다. 이강의 방에서 전화벨이 울렸다.

"안 동지, 잠깐만…!"

안중근은 이강이 전화를 받는 동안 복도에 서있었다. 전화를 건 사람은 낯선 여자였다.

"대동공보사입니까?"

"예, 그렇습니다!"

"여기 성당입니다."

"무슨 일 때문에 그러십니까?"

"아, 여기에 조선에서 온 웬 여자 한분이 대동공보사를 찾고 있는데, 길을 몰라서 여기에 머물고 계십니다."

"…"

"수고스럽지만 누가 와서 모시고 갔으면 좋겠군요. 마침 여기도 사람이 없어서요…."

"아, 감사합니다. 곧 가도록 하지요!"

바로 그 시간, 안중근의 아내 김아려가 아들 분도를 데리고 니콜라이 성당에 와 있었던 것이다. 그러나 이강은 그런 일은 꿈에도 모르고 있었으므로 그냥 전화를 끊고 나왔다.

복도에서 기다리고 있던 안중근은 먼저 문 앞으로 천천히 걸어 나갔다. 밖에는 마차가 이미 와 있었다.

"이 선생님, 이제 작별할 때가 된 것 같습니다!"

"동지들이 기다리고 있을테니 어서 떠나십시오!"

편집국장 유진율도 나와서 안중근을 배웅했다.

"그대가 삼천리 제일강산을 짊어지고 가는 거요!"

그들은 손을 서로 굳게 잡았다.

"성공을 빌겠소!"

"감사합니다. 아마 다시 뵙기는 힘들 것 같습니다…."

"무슨 그런 말을 하시오, 안 동지!"

"혜란 양을 수소문해서 꼭 찾아 주시고, 그리고 또…."

안중근은 한참을 주저하다가 어렵게 말을 꺼냈다.

"혹시 말입니다…."

"뭡니까? 뭐든지 말씀하시오."

"혹시…, 고국에서 제 아내가 찾아올지 모르겠습니다."

"예?"

그 말을 듣자 이강이 깜짝 놀랐다.

"아니, 안 동지의 부인께서…?"

"아니, 어쩌면 오지 못할지도 모릅니다만, 만약에라도 찾아오거든 진남포까지 돌아갈 수 있는 여비를 좀 마련해 주십시오."

"안 동지…!"

"제가 이러고 다니는 바람에 저희 집안도 이제는, 어쩌면 돌아갈 여비도 없을 것 같아서…."

이강이 갑자기 안중근의 소매를 붙잡았다.

"안 동지, 부인께서 안 동지를 찾아 떠나신 것이 사실입니까?"

"글쎄, 그럴지도 모른다는 것뿐입니다."

"아니, 그럼…? 방금 니콜라이 성당에서 전화가 왔는데, 조선에서 온 웬 여자가 대동공보사를 찾고 있다고 하는데, 안 동지의 부인께서도 천주교 신자십니까?"

순간, 안중근의 얼굴에서 핏기가 싹 가셨다.

"안 동지, 지금 얘기한 그분이 바로 안 동지의 부인이 틀림없는 것 같으니 한번 만나보시고 떠나십시오."

안중근은 그 여자가 자기의 아내 김아려임에 틀림없다는 것을 알았다. 그녀가 여기까지 어떻게 찾아왔는지 믿어지지 않는 일이었지만, 분명히 편지에는 그렇게 써 있었다. 큰아들 분도를 데리고 찾아오겠다고 했던 것이다.

그러나 지금 안중근은 아내를 만날 수가 없었다. 그렇다고 만나지 않겠다고 할 구실도 없었다. 사람의 탈을 쓰고 어떻게 그런 말을 할 수 있다는 말인가!

"이 선생님, 사내 아이와 같이 왔다고 했습니까?"

"사내 아이? 그건 잘 모르겠습니다."

"그럼, 이름이 김아려라고…?"

안중근은 이강이 김아려가 아니라고 말하기를 간절한 마음으로 바라면서 그의 얼굴을 쳐다 보았다. 그러나 이강은 그저 고개를 저을 뿐이었다.

"그것도 잘 모르겠습니다. 하여간 곧 모셔 올테니 만나보십시오."

"아닙니다! 그렇다면 아닙니다. 제 아내는 분도라는 아이놈과 함께 왔을 겁니다. 다른 여자겠지요…?"

안중근은 이강의 만류를 뿌리치고 마차에 올랐다. 그러나 이강과 유진율은 지금 니콜라이 성당에서 기다리고 있는 여인이 안중근의 아내라는 것을 알아차렸다. 이강과 유진율, 두 사람은 자신들도 모르게 눈시울이 뜨거워졌다.

"안 동지, 잠시라도 만나보고 가시오. 나약한 여자의 몸으로 진남포에서 여기까지 찾아오셨는데…."

"아닙니다! 그 여인은 절대 제 아내가 아닙니다!"

안중근은 서둘러서 마차를 출발시켰다.

"안 동지!"

"안 동지!"

이강이 몇 발짝 쫓아가며 안중근을 불렀으나 마차는 이미 멀리 사라져 버린 뒤였다. 안중근이 탄 마차가 얼마쯤 달렸을 때 마부가 소스라치게 놀랐다.

"분도야!"

안중근이 갑자기 울부짖는 듯한 큰소리로 아들의 이름을 불렀기 때문이었다. 그것은 마치 짐승의 표호소리와도 같았다.

그러나 마차가 조도선의 숙소 앞에 이르렀을 때 안중근은 전혀 그러한 내색이 없이 평정을 되찾고 있었다. 그것은 그의 초인적인 힘이었다.

안중근이 탄 마차가 도망치듯 사라진 다음 이강은 곧바로 니콜라이 성당으로 달려갔다.

한복을 곱게 차려입은 30세쯤 된 여인이 어린 사내 아이를 데리고 성당 앞에서 기다리고 있었다. 안중근의 부인과 아들임에 틀림없었다.

이강이 다가서자 그녀가 반색을 하며 다가왔다.

"혹시 신문사에서 오신 분이신가요?"

"예, 그렇습니다."

"아, 이제 됐군요!"

여인은 구세주라도 만난 듯 반가워하며 눈시울을 적셨다.

말도 통하지 않는 이국땅에서 얼마나 많은 고생을 했는지 충분히 알 수 있는 그런 모습이었다.

"성당에 우리말을 하는 분이 없었더라면…."

"그런데 누구를 찾으시는지?"

이강은 뻔히 알면서도 이렇게 물었다.

"선생님! 혹시 안중근 씨라고…, 안응칠 씨라고도 하지요. 이리로 연락을 하면 된다고 하기에 두 번이나 편지를 띄웠는데도…."

이강은 안중근의 부인을 차마 바로 쳐다볼 수가 없어서 고개를 떨군 채 비통한 목소리로 말했다.

"부인!"

"아십니까? 이 아이의 아버지입니다. 그 분이 바로…!"

"방금 그 분은 만주로 떠나셨습니다!"

"네에?"

"부인!"

여인의 안색이 금방이라도 까무러칠 듯 하얗게 변했다. 그러나 여인은 혼자만 알아들을 수 있을 정도의 작은소리로 이렇게 말하고 있었다.

"여보, 살아계셨군요! 무사하셨군요!"

이강은 비통한 목소리로 말을 이었다.

"부인, 안중근 장군은 지금 백만 대군을 이끌고 하얼빈으로 떠나셨습니다. 우리나라의 국적 이등박문을 무찌르려고 지금 대 진군을 하고 계십니다. 부인, 잘 오셨습니다. 우리 함께 장군의 개선을 기다립시다!"

어린 아들 분도를 두 팔로 꼭 껴안은 김아려에겐 이강의 말이 그저 뜻 모를 소리로만 들려왔다.

김아려는 고개를 들어 허공을 쳐다보았다. 하늘에서는 눈발이 흩날리고 있었다.

하얼빈의 낯선 방문객

　안중근이 북만주 대륙의 신흥도시 하얼빈에 도착한 것은 1909년 10월 16일 오후였다.
　그 날은 바로 일본제국의 거물 이토 히로부미가 모지 항에서 군함 아키즈시마호를 타고 중국 대련을 향해 떠나는 날이었다.
　안중근과 우덕순, 조도선, 유동하, 네 사람은 블라디보스토크를 출발하여 러시아와 중국 국경지대에 이르러서 기차를 갈아탔다. 그들은 하얼빈으로 향하는 도중에 일단 헤어져 각자 자기가 맡은 구역의 동향을 살펴본 후 하얼빈에 집결했다가, 다시 각자의 구역으로 돌아가기로 하였다.
　안중근은 혼자서 하얼빈에 도착했다.
　하얼빈 역에 내린 안중근은 마차를 불러 타고 부가전으로 향했다. 그는 하얼빈의 지리를 전혀 몰랐기 때문에 가는 길은 마부에게 맡길 수밖에 없었다.

한참을 달리던 마차가 어느 지점에 이르러 멈추더니 마부가 마차문을 열고 얼굴을 내밀었다.

"아, 부가전 다 와서!"

안중근이 순간적으로 경계를 하며 물었다.

"여기가 부가전이란 곳이오?"

"응, 부가전 신시가지 바로 여기야. 헤헤…."

"알았소. 차비는 여기 있소."

"셰셰, 셰셰…!"

안중근이 마차에서 내려서자 마부가 손가락으로 가리켰다.

"바로 저기, 저기부터가 부가전 1번지야. 헤헤…."

"고맙소."

마부는 차비를 많이 주자 연신 허리를 굽신거리며 부가전의 지리를 자세히 알려 주었다. 한참 수선을 떨던 마부가 마차를 몰고 사라졌다.

"음, 부가전 17번지라…."

낯선 부가전 거리에 내린 안중근은 잠시 후, 대동공보사 깃발이 걸린 김성옥의 집을 바로 찾을 수 있었다.

매우 풍성해 보이면서도 뭔지 삭막한 느낌을 주는 신흥도시 하얼빈에서 일말의 불안감을 느꼈던 안중근은 낯익은 대동공보사 깃발을 보자 반가운 마음으로 그 집의 낡은 대문을 두드렸다.

안중근은 블라디보스토크의 이강으로부터 소개장도 가지고 왔고, 또 대동공보사에서 전보도 와 있을 것이므로 반갑게 맞아 줄 김성옥이라는 사람의 얼굴을 연상하며 문을 두드렸다.

그러나 어찌 된 영문인지 집안에서 좀처럼 응답이 없었다. 잠시후, 한 사나이가 대문을 열고 나왔다. 중국인이었다.

"누구를 찾으시오?"

"대동공보사의 김성옥씨를 찾아왔소."

"어디에서 왔소?"

"블라디보스토크!"

"블라디보스토크…?"

"문패를 보니 이 집이 틀림없는 것 같은데, 이런 손님대접이 어디 있소?"

그제서야 중국인 사나이가 안중근을 집 안으로 안내했다.

"장궤!"

중국인 사나이가 집 안에 대고 이렇게 소리치자, 안에서 중년 남자의 목소리가 들려왔다.

"누구야?"

"누가 찾아왔습니다."

중국인 사나이의 안내로 안중근은 그 집의 구석진 방으로 안내되었다. 안에 있던 40대의 중년 남자가 안중근을 맞이했다.

"제가 김성옥입니다."

"블라디보스토크에서 온 …."

"아, 그럼 안중근 선생…?"

"예, 제가 안중근입니다."

두 사람은 인사를 하면서도 서로 경계를 하고 있었다.

"이강 주필님으로부터 연락을 받았습니다. 먼 곳까지 오시느라 고생 많으셨습니다."

"예, 그런데…."

안중근이 중국인 사나이를 쳐다보고 망설이는 듯하자, 김성옥이 중국인 사나이를 불렀다.

"거우칭!"

"예!"

"자넨 나가 있도록 하게!"

그러자 거우칭이 미심쩍은 듯이 김성옥에게 물었다.

"괜찮겠습니까?"

"음, 내가 기다리던 분이야."

"알았습니다."

거우칭이 밖으로 나가자 김성옥이 안중근에게 물었다.

"미안합니다, 안 선생! 그런데 이강 주필님의 편지는…?"

"예, 여기 있습니다."

"이거 정말 죄송합니다. 거우칭이 워낙 거칠어서 다소 불쾌하셨겠지만 용서하십시오."

"누굽니까, 그 사람은?"

"마적단 출신의 중국인 청년 한 사람을 문지기로 고용했습니다."

"문지기?"

"예, 말하자면 경호원인 셈이지요."

"아니, 이곳 정세가 경호원이 필요로 할 정도로…?"

"부득이한 사정입니다. 우리 신문이 항상 격렬한 항일애국기사를 다루다 보니 왜놈들의 반발이 이만저만 아닙니다."

"왜놈들이 여기서도…?"

"예! 왜놈들의 밀정이 집 앞에서 아주 살다시피 합니다."

"그렇습니까?"

"이따금씩 테러단도 습격해 옵니다."

안중근이 도착하면서 느낀 첫인상과 같이 신흥도시 하얼빈은 과연 살벌한 모양이었다.

"바로 며칠 전부터 정체를 알 수 없는 여인 한명이 집 앞을 배회하고 있길래, 거우칭에게 단단히 지키라고 지시했더니 안 선생에게까지 커다란 실례를 저지른 것 같습니다."

김성옥은 이러한 상황에서는 안중근이 자기 집에서 유숙할 수가 없다고 설명했다. 이강은 김성옥의 집에서 유숙할 수 있을 것이라고 하였는데 이렇게 되면 이번일은 처음부터 차질이 생기게 된 것이다.

"여기는 도저히 위험해서 안 되겠습니다. 지금 곧 다른 곳으로 가셔야겠습니다!"

김성옥은 안중근에게 정중하게 사과를 하면서 밖에 있는 거우칭이라는 중국인 청년을 큰 소리로 불렀다.

"거우칭, 마차를 준비하게!"

김성옥은 거우칭에게 마차를 준비하도록 지시하면서 서랍에서 권총을 꺼내들었다.

"그런데 안 선생!"

"예?"

안중근도 순간적으로 허리춤에 있는 권총에 손이 갔다.

"이상하군요, 안 선생! 이강 선생의 전보에는 분명히 네 사람이 온다고 했는데 어떻게 된 일입니까?"

"아, 그건 우덕순, 조도선, 유동하, 세 동지가 더 있는데 그들은 지금 채가구와 장춘에 있습니다!"

"그건 무슨 이유에서 입니까?"

"여러 사람이 한 곳에서 기다리다가는 일을 성사시키기가 어려울 것 같아서 분산을 했습니다. 이등박문을 하얼빈까지 오는 도중에 장춘, 채가구, 관성자 등 아무 곳에서나 기회가 생기는 대로 사살하기 위해서입니다."

김성옥은 그제야 안중근에 대한 의심을 풀고 사과를 했다.

"미안합니다, 안 선생! 하하핫!"

그러자 안중근도 비로소 김성옥에게 자신이 오해했던 것을 사과하였다. 이강이 보여 준 김성옥의 사진에는 분명히 안경을 쓰지 않았었는데 안경을 쓰고 있어서 혹시 다른 사람인가 생각하고 있었던 것이다. 그래서 안중근도 만약의 경우를 대비해 만반의 준비를 하고 있었던 것이다.

"하핫…. 하마터면 우리가 서로 권총을 겨눈 채 인사를 할 뻔했군요."

"속사의 명수이신 안 선생에게 이 김성옥이 감히 어떻게…."

▲ 거사 당시 안 의사가 유숙했던 김성백의 자택. 현재는 삼림가 28호로 바뀌고 5층 아파트가 들어서 있다.

"핫하하!"

안중근과 김성옥은 통쾌하게 웃으며 밖으로 나왔다. 그리고 두 사람은 거우칭이 준비해 온 마차를 타고 번화가에 있는 어느 술집으로 향했다.

그 곳에서 김성옥은 자기의 사촌형이며 하얼빈 한인사회의 유지급

제2장 하얼빈의 총소리 145

인사인 김성백을 소개했다. 그들은 이미 안중근의 거사를 돕기로 상의가 되어 있었던 것이다. 김성백이 먼저 입을 열었다.

"제 사촌으로부터 대강 얘기를 듣고 저 나름대로 생각해 보았습니다만, 이번 거사는 매우 위험하고 힘든 계획인 것 같습니다."

"두 분께서 도와만 주시면 반드시 성공할 것입니다!"

"그러나 매사에 조심하셔야 됩니다. 이곳 하얼빈 총영사로 가와카미란 자가 부임해 온 뒤부터는 왜놈들의 동태가 심상치 않습니다."

"가와카미?"

"그 자가 부임한 이후부터 3만여 명이나 되는 우리 동포들을 감시하기 위해 왜놈 밀정들을 2백명 이상이나 풀어 놓았습니다."

"…."

"놈들은 사소한 일에도 냄새를 맡고 덤비는 쇠파리 같은 존재들입니다."

"그러나 안 선생의 숙소를 이 형님 댁으로 정하시게 되면 크게 염려하지 않아도 될 것입니다."

"그렇습니다. 내 집은 기다이스카야라는 러시아인 거리에 있기 때문에 놈들의 감시가 한결 덜합니다."

"앞으로 신세를 많이 끼치게 되겠습니다."

그들은 이강의 부탁으로 안중근이 원활히 활동을 할 수 있도록 통역 한 사람을 이미 구해 놓고 있었다. 강덕팔이라는 동포 청년인데, 김성백은 안중근에게 그 청년이 믿을만한 사람이니 안심하라고 했.

안중근은 숙소가 정해지는 대로 채가구와 장춘에 연락을 하기로 했기 때문에 서둘러 김성백의 집으로 향했다.

　기다이스카야 거리에 있는 김성백의 집에는 안중근의 통역으로 채용된 강덕팔이라는 청년이 이미 와서 기다리고 있었다. 그러나 안중근이 느낀 강덕팔의 첫인상은 별로 좋지 않았다.
　김성백이 강덕팔을 안중근에게 소개했다.
　"중국말과 러시아 말을 썩 잘 하는 친구입니다."
　"앞으로 충실히 잘 모시겠습니다."
　"잘 부탁하겠소!"
　"예, 그런데 하얼빈에는 며칠이나 계시게 됩니까?"
　안중근이 잠깐 망설이다가 한 열흘쯤 머문다고 대답을 하자 강덕팔은 조금도 거침없이 또 물었다.
　"아니, 무슨 일로 오셨기에 그렇게 빨리 가십니까?"
　김성백이 옆에서 듣고 있다가 강덕팔을 꾸짖었다.
　"강 군, 그런 질문은 함부로 하는 것이 아니야!"
　"죄송합니다. 헤헤…."
　"안 선생님은 조선에서 오시는 부인을 마중하러 페테스부르크에서 오신 분이라고 하지 않았나. 그런데 뭐가 그렇게 궁금한 게 많은가?"
　명분상으로 안중근은 조선에서 오는 아내를 마중하기 위해 하얼빈으로 온 것으로 되어 있었던 것이다. 강덕팔은 꾸지람을 듣고도 교활하게 웃으며 여전했다.

"알겠습니다. 하지만 선생님이 이 곳에 오래 계셔야 제가 일을 많이 하고 용돈이랑…, 헤헤헤."

"알겠소. 안내만 잘 해주면 보수를 두둑히 드리겠소."

"감사합니다."

"자넨 그만 갔다가 저녁을 먹고 와서 안 선생님을 모시고 시가지 구경을 나가도록 하게!"

"예, 그럼 이따 저녁에 오겠습니다."

통역 강덕팔이 집으로 돌아가기 위해 막 대문 밖으로 나왔을 때였다.

"아니, 거기 누구요!"

김성백의 집 앞에서 서성거리고 있던 수달피 외투를 입은 여인이 급히 골목 안으로 달아나듯이 뛰어갔다. 강덕팔은 쏜살같이 그 여인을 따라가서 붙잡았다.

"누구요, 당신?"

"아무 것도 아닙니다."

"아니, 당신 뭘 하는 여자요?"

"아니, 그냥….."

강덕팔에게 옷자락을 잡혔던 여인은 강덕팔의 손을 잽싸게 뿌리치고는 다시 달아나기 시작했다. 여인의 몸이 어찌나 빠른지 강덕팔이 있는 힘을 다해 뒤쫓았으나 닿을 듯 말 듯 잡히지를 않았다.

"여보시오, 이봐!"

한적한 기다이스카야 거리, 김성백의 집 근처 골목에서는 난데없는 남녀간의 추격전이 벌어지고 있었다.

"이봐요!"

마침내 강덕팔의 손이 여인의 뒷덜미를 나꿔챘다. 여인은 숨을 헉헉 몰아쉬며 휙 돌아서서 강덕팔에게 쏘아붙였다.

"왜, 왜 그러시죠?"

"왜 그러냐고? 아니, 당신은 왜 남의 집을 기웃거리다가 사람이 나오니까 달아나는 거요?"

강덕팔은 여인의 뒷덜미를 움켜 쥐고 무섭게 노려 보았다.

"당신 혹시 밀정 아니오?"

"아니, 이 사람이…."

"일본 영사관의 밀정이 아니냔 말이오!"

"뭐라구요?"

그녀는 어이가 없다는 듯이 강덕팔을 쏘아 보았다. 그녀는 다름 아닌 블라디보스토크에서 자취를 감췄던 최혜란이었다.

한편, 강덕팔이 나간 뒤 안중근과 김성백은 자리를 함께 한 채 이야기를 나누고 있었다.

"이거 뜻밖에 폐를 끼치게 되어 죄송합니다."

"무슨 말씀이십니까. 명색이 사나이로 태어나서 안 선생과 같은 큰 뜻을 한 번도 품어 보지 못하고 있는 제 자신의 처지가 부끄럽기만 합니다."

"아닙니다. 이번 의거는 제가 하는 일이 아닙니다. 저는 소리 없는 우리민족의 성원에 힘입어 이곳에 온 것뿐입니다."

"안선생께서 그렇게 겸손한 마음을 가지고 계시니, 이번 의거는 틀림없이 성공할 것 있습니다. 그리고 혹시 제가 집에 없더라도 믿을만한 쿠냥이 있으니 불러서 심부름도 시키시고 안 선생의 집처럼 마음대로 쓰십시오."

"감사합니다."

"우선 목욕부터 하시고 저녁에 강 군이 오는 대로 시가지 답사를 하도록 하시지요."

"김선생님, 한가지 궁금한게 있습니다. 왜 갑자기 왜놈 영사관에서 밀정을 2백여명이나 풀어 놓았습니까?"

"따지고 보면 모두가 그 이토 히로부미란 놈 때문입니다."

김성백은 이토의 이름을 들먹이면서 몹시 분개하고 있었다.

"그렇지 뭡니까. 이완용 매국 내각을 손아귀에 넣고 삼천리 강토를 떡 주무르듯 주무르다가, 통감 자리를 내놓고 돌아가는 마당에서 까지 그 기유각서(己酉覺書)라는 것을 써 받아 가지고 우리 대한제국의 사법권과 감옥사무까지 강탈해 버렸으니 말입니다!"

김성백이 말하는 기유각서 제 3조에는 조선에 있는 일본 재판소의 협약과 법령의 특별한 규정은 외국에 있는 조선인들에게까지도 적용한다고 되어 있었다. 그것은 제 나라 안에서 설치는 왜놈들의 꼬락서니가 보기 싫어 해외에서 망명생활을 하고 있는 우리 동포들에게 까지도 모조리 저희 사법권의 영향 아래로 옭아매려는 수작이었던 것이다.

"이토 히로부미, 그 놈은 천벌을 받아야 할 놈입니다!"

"알겠습니다. 가는 곳마다, 이르는 곳마다 이렇게 뜨거운 동포들의 성원이 있는 한 이 안중근이 백 번을 고쳐 죽는 한이 있더라도 반드시 그 놈을 쓰러뜨리고야 말겠습니다."

이 때 김성백의 집에서 일을 하고 있는 쿠냥이 들어와 전화가 왔다고 전했다. 안 선생을 찾는 전화라는 말에 두 사람은 바짝 긴장했다.

"뭐라구? 안 선생을 찾아?"

"예, 방금 도착하신 안 선생님이 계시지 않느냐구요?"

"아니, 내가 여기 와 있는 것을 아는 사람이 누굽니까?"

"글쎄요…."

"김성옥 씨, 그리고 방금 다녀간 통역관 강덕팔…."

"좌우간 제가 대신 받아 보지요."

"아닙니다. 제가 받겠습니다."

안중근이 잔뜩 긴장한 표정으로 전화를 받았다. 전화를 건 사람은 뜻밖에도 김성옥의 집 문지기 거우칭이었다.

"아까는 정말 죄송하게 되었습니다. 선생님!"

"누구요, 당신은?"

"저 부가전 김성옥 선생님 댁에 있는 거우칭입니다. 아까는 공연히 불쾌하게 해 드려서 죄송합니다."

"아, 괜찮소. 그런데?"

"김 선생님께서 전화를 걸라고 하시기에 사과도 드릴 겸해서, 잠깐 기다리십시오, 바꿔 드리겠습니다."

잠시 후, 김성옥의 목소리가 들려왔다.

"다름이 아니라, 방금 장춘에서 이 곳으로 전보가 왔습니다."

"예?"

"조도선 씨로부터 온 것 같습니다."

"김 선생, 전보를 좀 읽어 주십시오."

"예! 장춘에서 적합한 장소 발견, 장비를 가지고 속히 오도록!"

"장비를 가지고…?"

"예, 이상입니다."

"잘 알았습니다."

장비란 바로 권총을 말하는 것이었다. 안중근은 곧바로 김성백에게 부탁을 했다.

"김 선생, 권총을 하나 구할 수 있겠습니까? 성능이 좋은 것으로 말입니다."

"글쎄요, 구할 수는 있겠지만…."

"지금 곧 장춘을 좀 다녀와야겠습니다. 아시다시피 사람은 네 명인데 총이 한 자루 모자랍니다."

"지금 당장이라면 곤란한데요…."

"해삼위에서 갑자기 무기 판매를 금지시키는 바람에 총 한 자루를 미처 구하지 못했습니다."

"그렇게 당장 장춘으로 가실 거야 없지 않습니까? 아직 날짜가 충분히 남아 있는데…."

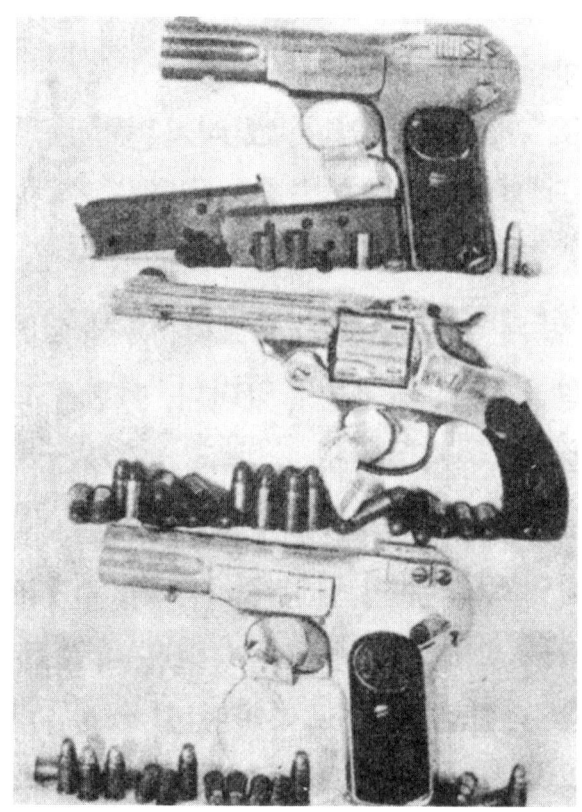

▲ 안 의사가 사용한 7연발 브라우닝 자동권총과 동지들이 소지했던 권총과 탄약.

"하지만 모든 연락을 부가전 김성옥 씨 집으로 취하기로 되어 있기 때문에 지금 전보도 그 곳으로 온 것입니다. 김성옥 씨 집이 안전한 곳이 못되는 이상 연락처를 변경할 겸해서 제가 장춘에 갔다가 채가구까지 들러와야겠습니다."

"정 그러시다면 제가 호신용으로 가지고 있는 총을 드리지요."

김성백은 선뜻 자기의 권총을 꺼내 주었다. 영국제 브라우닝 7연발 권총이었다. 반질반질하게 손질이 잘된 것으로 보아 주인이 얼마나 아끼는 것인가를 쉽게 짐작할 수 있었다.

"감사합니다. 만일 나중에 무슨 일이 생기더라도 해삼위에서부터 제가 가지고 온 것이라고 하겠습니다."

"거사에 성공하시더라도 놈들에게 붙잡히는 일은 결코 없어야 합니다."

"이것은 제가 보관하고 사용하겠습니다. 대신 제 것을 조 동지에게 주고요."

안중근이 권총 탄창을 열고 약실을 검사하려고 할 때 벌컥 문이 열리면서 강덕팔이 들어왔다.

순간적으로 일어난 일이었으므로 미처 권총을 숨길 사이도 없었다. 강덕팔은 깜짝 놀란 듯, 눈을 둥그렇게 떴다.

"하핫, 이거 웬 권총을 가지고 이러십니까?"

"강 군, 자네는 저녁에 오기로 하지 않았나?"

"예, 그랬죠!"

"그런데…?"

"집 앞에 웬 수상한 여자가 있어서 말입니다."

"수상한 여자?"

"예, 제가 막 대문을 나서는데 웬 여인이 집을 기웃거리고 있다가 재빨리 달아나질 않겠습니까?"

"아니, 그래서?"

"얼른 쫓아가서 잡았지요. 매우 아름답게 생긴 여인이었습니다. 그래서 누구냐고 다그쳤더니…."

"지금 어디 있나, 그 여자는?"

"보내 버렸습니다."

"뭐?"

"왜 남의 집을 엿보느냐, 혹시 일본 영사관의 밀정이 아니냐고 멱살을 잡고 다그쳐 물었더니, 아편을 맞으러 왔다더군요."

"뭐, 아편을?"

"예, 약 기운이 떨어졌는지 오들오들 떨더니, 전에 한 번 와서 맞은 집이 있는데 이 집인 것 같아서 기웃거리고 있었다나요…."

이 말에 안중근과 김성백은 비로소 안도의 숨을 내쉬었다.

"웬 미친여자인 것 같아 발길로 차서 쫓아버렸죠. 하핫, 거 요즘 일본 영사관의 밀정들이 많이 설치니 안 선생님도 조심하십시오."

"아니, 안 선생이야 며칠 동안 부인을 기다렸다가 돌아가실 분인데 밀정들하고 무슨 상관이 있나?"

"아, 그래도 어디 그렇습니까. 요즘은 낯선 사람이 거리에 나타나기만 하면 왜놈들의 밀정들이 눈에 불을 켜고 덤벼듭니다."

강덕팔의 보고를 받고 김성백이 그에게 수고했다고 치하하자, 강덕팔은 머리를 긁적이며 계면쩍은 듯이 말했다.

"뭘요…."

"앞으로 안 선생님이나 잘 모시도록 하게."

"아, 그래서 이렇게 다시 되돌아 온 것 아닙니까."

"여하튼 강 군은 중국말이라면 복건성 말에서부터 산동성, 북경, 상해말까지 아주 능숙한 친구입니다."

"너무 부추기지 마십시오."

"마침 잘 됐네. 안 선생께서 지금 곧 장춘으로 해서 채가구까지 다녀오실 일이 좀 생겼으니 모시고 다녀오게."

"염려 마십시오."

정체모를 안내자

안중근은 김성백으로부터 받은 권총을 품 속에 지니고 조도선과 유동하가 기다리고 있는 장춘을 향해 떠났다.

안중근이 장춘행 급행열차에서 내린 것은 그날 밤 9시경이었다. 장춘역에는 유동하가 안중근을 마중 나와 있었다.

"안 선생님!"

"오, 동하!"

안중근은 유동하를 강덕팔에게 소개했다.

"강 형, 우리 고향 청년이오."

"예, 저는 강덕팔이라고 합니다."

"우리 어디 가서 술이나 한 잔 합시다. 강 형이 안내를 하시오."

"예, 이 곳 장춘 지리는 제가 훤히 알고 있습니다."

강덕팔이 앞서 가자, 유동하가 몹시 미심쩍은 듯 낮은 소리로 물었다.

"누굽니까?"

"통역이야."

"괜찮겠습니까?"

"우선 술집에서 저 친구를 떼어 놓은 다음 조 동지를 만나야겠다. 조 동지는 지금 어디에 있나?"

"여관에 있습니다."

안중근은 강덕팔을 데리고 온 것이 잘못이라고 생각했다. 그러나 김성백이 강덕팔에게 같이 다녀오라고 하는 바람에 얼떨결에 그렇게 된 것이었다.

앞장서서 가던 강덕팔이 어느 술집 앞에서 걸음을 멈추었다. 그들이 술집으로 들어가자 여종업원이 강덕팔을 보고 자지러지게 호들갑을 떨었다.

"아, 아니 이게 누구셔? 응, 호호호홋…."

"이봐, 버릇없이 굴지 말고 어서 자리나 안내해!"

강덕팔이 짐짓 당황한 표정으로 여종업원에게 말을 하자 여종업원은 더욱 호들갑을 떨었다.

"어따, 오늘은 왜 이리 점잖으실까…?"

"흠, 흐흠!"

"안 선생님, 이쪽으로 앉으시지요."

"좋소, 동하도 앉지!"

세 사람이 자리에 앉자 안중근이 강덕팔을 쳐다보며 불쑥 한 마디 던졌다.

"강 형은 발이 넓구만?"

"네?"

"아, 하얼빈에서 이제 막 도착한 사람을 장춘에서 이렇게 환대해 주니 말이오."

"뭘요, 그저…."

"잘 아는 집이군 그래?"

"아, 알다마다요. 호호홋! 그렇잖아도 아까 요시하라(吉原)상이 와서 강 선생님을 찾으시던데?"

여종업원의 거침없는 말에 강덕팔은 더욱 당황했다. 이 때 강덕팔의 표정을 놓치지 않고 유심히 관찰하던 안중근도 그 말을 듣고 깜짝 놀랐다.

"요시하라 상…?"

"호홋, 그 분은 여기 있는 강 선생님보다는 훨씬 더 점잖은 분이시죠. 호호호!"

"요시하라라면 일본사람 아니오?"

"예, 그렇습니다."

안중근이 추궁하듯 묻자, 강덕팔은 무척 당황해 하면서도 무슨 상관이냐는 듯이 천연덕스럽게 대답했다.

안중근은 강덕팔에게 일본인 친구가 있다는 것이 매우 의아한 듯 또 한 번 의미 있게 물었다.

"일본인 친구가 많이 있소?"

"예! 그 친구들하고 장사를 좀 같이 하느라고, 한동안은 장춘으로 봉천으로 다니지 않은 곳이 없습니다."

안중근은 수긍이 간다는 듯이 고개를 끄덕여 주자 여종업원이 강덕팔의 팔을 꼬집으며 또다시 호들갑을 떨었다.

"요 깍쟁이, 어쩜 그렇게도 발을 딱 끊지?"

"이봐, 수다 그만 떨고 술이나 가져와."

"아, 아얏, 호호호…."

강덕팔이 여종업원의 허리를 쿡 찌르자, 그녀는 필요 이상으로 큰 소리로 수선을 떨며 자리를 떴다.

안중근이 어이없다는 듯 웃자 강덕팔이 뒤통수를 긁적였다.

"하, 이거 부끄럽습니다. 안 선생님."

"허헛, 뭐 어떻소. 아주 잘 아는 사인가 본데."

"아, 아닙니다. 장사를 하다 보니 이런 곳에 자주 오게 되고, 또 자주 오다 보니 그저…."

"좌우간 잘 됐소."

"예?"

"강 형은 여기서 잠깐 술이나 마시고 있으시오."

"아니, 왜요?"

"아, 잠깐 찾아볼 사람이 있어서."

"하지만 선생님…!"

"괜찮소. 내가 사정을 봐서 같이 오든가 할테니 잠시 혼자 즐기고 있으시오."

"하핫, 이것 참…."

강덕팔은 짐짓 겸연쩍은 표정을 지었다. 그러나 안중근과 유동하

▲ 안 의사와 함께 거사를 계획한 김성옥, 유동하, 조도선, 우덕순.

가 나가자 강덕팔은 두 사람이 무척 수상하다고 생각되었다.

'저 친구들 확실히 이상한 데가 있어. 하얼빈으로 마누라를 만나러 왔다는 친구가 권총을 가지고 있으니…. 어디 한 번….'

술집에서 나온 안중근은 조도선이 묵고 있는 여관으로 가지 않고 정 반대쪽에 있는 여관으로 유동하를 데리고 들어갔다.

"자, 이 권총은 조도선 동지에게 전하고, 조 동지의 총은 네가 가지도록 해라."

"아니, 어떻게 하시려고요?"

"동하야, 오늘 현장을 답사하려던 계획은 취소한다."

"예?"

제2장 하얼빈의 총소리 **161**

"조도선 동지는 만나지 않고 그냥 돌아갈테니, 장춘 역은 두 사람이 책임지고 맡아야겠다."

"그건 그렇지만…."

"아직 시간이 있으니까 나중에 천천히 역사(驛舍)를 답사하고 저격할 지점을 책임지고 물색하도록 해라!"

"저, 강이라는 통역 때문이죠?"

"음, 하얼빈의 김성백씨가 소개한 사람이니 못 믿을 것까진 없겠지만, 왜놈들과도 교제가 빈번한 자이니 아무래도 경계하는 것이 좋을 것 같다."

안중근은 가지고 있던 일본 돈 50원을 유동하에게 건네 주었다. 만주는 전승국 일본의 화폐가 얼마든지 통용되는 곳이었다. 당시 일본 화폐는 러시아건 북만주건 어디서든지 통용되었다.

블라디보스토크를 떠나올 때 대동공보사의 이강과 유진율이 100원을 내주었고 혜란의 권유로 익명의 동포가 헌금한 돈까지 가지고 있었으나 거사금으로는 턱없이 모자라는 돈이었다.

"급한 일이 있으면 하얼빈의 기다이스카야 거리 1325번지 김성백씨 댁으로 연락을 하도록 하여라. 그리고 채가구에서 기다리는 우덕순 동지에게는 내가 그냥 하얼빈으로 돌아갔다고 연락을 하고, 그 돈을 나누어 쓰도록 해라. 그리고 동하야, 이등박문을 저격하겠다는 의지가 꺾이지 않도록 하여라!"

"의지가 꺾이다니, 선생님, 저를 어떻게 보시고…."

"동하야, 그 말은 나 자신에게도 하는 말이기도 하다."

"아니, 선생님! 우리가 무엇 때문에 이곳에 와 있습니까?"

"그렇다! 우리가 회령에서 참패한 후, 두만강을 건너오면서 가슴에 품고 있던 슬픈 기억을 잊지 않도록 하자!"

"선생님, 이등박문 저격의 제 1탄은 꼭 제가 맡겠습니다. 그것만은 아무에게도 양보하지 않겠습니다!"

"하지만 제 1탄이 실수하면 큰일이다. 알겠느냐? 제 1탄에 실패하면 2탄, 3탄도 아주 어렵게 된다는 것을 명심해야 한다."

안중근은 유동하와 헤어진 후, 강덕팔과 함께 그 날 밤으로 다시 하얼빈으로 돌아왔다.

뭔가는 아직 확실히 알 수 없으나 안중근은 통역인 강덕팔이 꼭 무슨 일을 저지를 것만 같이 생각되었다.

한편, 10월 16일에 일본을 떠난 이토 히로부미는 이틀 뒤인 10월 18일 군함 아키즈시마호 편으로 대련에 도착했다. 그리고 20일에는 여순에 도착한 채 그곳에 머물고 있었다. 당시 여순에는 요동반도(遼東半島)를 통할하는 관동도독부(關東都督府)가 있었다.

이토가 여순에 머물고 있는 동안, 하얼빈의 안중근은 강덕팔과 함께 매일 하얼빈 역 일대를 서성이며 하루의 일과를 보내고 있었다.

"오늘도 사모님은 안 오시는 모양이죠?"

"글쎄, 20일경에 온다고 해서 여기까지 마중을 나왔는데 아직까지도 오지 않으니 답답하군. 그렇다고 무작정 이렇게 기다리고만 있을 수도 없고, 여순에서 오는 기차 편이 어디 다른 데 또 있는 것은 아니오?"

제2장 하얼빈의 총소리

"아닙니다. 기차는 틀림없이 이곳뿐입니다."

"그럼, 출찰구가 어디 다른 데 또 있는 것도 아니고?"

"예, 물론이죠. 오늘은 이제 그만 들어가 보시지요."

"지루하면 강 형 먼저 들어가도 좋소."

"어디 그럴 수야 있습니까."

두 사람이 집으로 돌아가기 위해 몇 발자국 내딛자 강덕팔이 뭔가 생각났다는 듯 갑자기 걸음을 멈추었다.

"아, 선생님!"

"왜 그러시오?"

"신문, 오늘은 왜 신문을 사시지 않습니까?"

"아! 참…."

안중근은 하얼빈 역 앞에 있는 신문가판대에서 만주판 아사히신문(朝日新聞)을 사들고 1면 머리기사를 보는 순간 숨이 멎을 듯한 무서운 긴장감을 느꼈다.

『이토 공작, 봉천회담을 마치고 26일 하얼빈 도착….』

안중근의 입에서 신음소리가 터녀나왔다.

"아!"

"선생님, 갑자기 왜 그러십니까?"

"아, 아니오. 이제 그만 갑시다."

"네…!"

안중근은 이토가 예정대로 26일 하얼빈에 도착하는 것을 확인하는 순간 자신도 모르게 안도하는 마음이 들면서도 다른 한 편으로는 가슴이 뛰기 시작했다.

그는 돌아가는 마차 안에서 연신 담배를 피워댔다.

"아니, 뭘 보시고 그렇게 놀라셨습니까? 뭐, 대단한 기사라도 났습니까?"

"글쎄 아무 것도 아니라니깐…."

강덕팔은 뭔가 캐내려는 듯하다가 입을 다물었다.

"강 형!"

"예?"

"강 형은 여기서 내려 집으로 그냥 돌아가시오. 나도 이만 들어가서 쉬어야겠소."

"네, 그렇게 하십시오."

안중근은 강덕팔을 마차에서 내리게 한 다음 마차를 다시 하얼빈역으로 향했다.

안중근과 헤어진 강덕팔도 집으로 가지 않은 채 다른 마차를 불러 타고 부가전 쪽으로 향했다.

그러나 아까부터 안중근과 강덕팔이 탄 마차를 미행하고 있는 또 하나의 마차가 있었다. 바로 최혜란이 탄 마차였다.

"저 부가전 쪽으로 가는 마차를 따라가 주세요!"

저만치 떨어져서 그들을 미행하고 있던 최혜란이 탄 마차도 급히 부가전 쪽을 향했다.

　이윽고 부가전에 도착한 강덕팔은 마차에서 내려 거리 한 모퉁이에 있는 레스토랑으로 들어갔다. 그곳에는 이미 일본 영사관의 요시하라 참사관이 그를 기다리고 있었다.

　"이런 엉터리 같으니라고…."

　"왜?"

　"어디 사는 누가 무엇을 언제 어떻게 한다든가 또는 어떻게 할 것이라는 말도 없이 무턱대고 무슨 돈을 달라는 거야?"

　"쳇, 싫으면 그만 두시오!"

　"뭐라구?"

　"요시하라 상한테 정보를 팔지 않아도 굶어 죽지는 않으니까…!"

　"도대체 얼마나 필요한데?"

　"2만 루불!"

　"아니, 갑자기 미쳤소?"

　요시하라는 아예 상대조차 하지 않으려고 했다.

　"미치다니, 훙! 나중에 가서 후회하지 말아. 이토 공작이 도착하는 26일, 여기서…."

　"뭐라구! 이토 각하께서 하얼빈에 도착하는 날짜를 어떻게?"

　"허허, 신문에 다 난 걸 왜 모르오."

　"그럼, 그 일과 관련이 있는 무슨 정보라도 있다는 말이요?"

　"물론 그렇지, 아직 확실히는 잘 모르지만, 이틀만 기다려 보시오."

　"그럼, 이렇게 하지, 에…, 내일 이 시간에 여기서 다시 만나기로 합시다."

"내일은 3만 루불이오."

"뭐! 이 친구가…."

"싫으면 그만 두시오."

"알았소."

"흐핫하!"

그러다가 강덕팔이 갑자기 웃음을 멈추었다.

"왜 그러시오?"

"어디선가 분명히 본 여자인데…."

"누구 말이요?"

"방금 우리 뒷자리에서 등을 돌리고 앉아 있었던 여자…. 이상한데?"

이것은 10월 23일 밤에 일어난 일이었다.

안중근 의사의 의거가 수포로 돌아가게 할 뻔했던 강덕팔의 음모가 긴박하게 무르익어가고 있었던 것이다.

강덕팔과 요시하라가 주고받는 말을 한 테이블 건너 옆자리에서 눈치로 대강 알아 들은 최혜란은 누군가를 따분하게 기다리는 체 하며 편지를 썼다.

그리고 그 편지를 카운터에 전하려는 듯이 자연스럽게 행동하다가 강덕팔 보다 한 발 앞서 밖으로 나왔다.

최혜란이 안중근을 찾아 김성백의 집으로 달려간 것은 안중근이 하얼빈 역에서 아직 돌아오기 전이었다.

"누구시오?"

"안중근 선생님을…."

"네?"

대문을 열고 나온 김성백은 최혜란을 보고 잔뜩 경계를 했다.

"안 선생님을 급히 좀 뵈어야겠습니다."

"아니, 댁은 누구신데…?"

"계신가요?"

"지금 안계십니다."

"그럼, 어쩌면 좋지?"

"아니, 댁은 누구신데 안중근 선생을 찾으시오?"

"아, 그냥 좀 아는 사람입니다."

"아니, 그냥 아는 사람이라니…? 그런데 안중근 선생이 내 집에 묵고 있다는 것을 어떻게 아셨소?"

"저…, 안 계시다면 할 수 없군요."

"아니, 잠깐!"

김성백은 최혜란을 잡아 두려고 했으나, 그 때 마침 이쪽으로 달려오는 마차 소리가 들려오자 최혜란이 편지를 전하며 다급한 목소리로 말했다.

"안 선생님께서 이 편지를 보시면 아실 거예요. 블라디보스토크에서 온 최라고…."

"아니, 여보시오!"

"안 선생님께 이 편지가 꼭 전해지도록 부탁드립니다."

최혜란이 그 자리에서 서둘러 떠나고 난 후, 뒤이어 마차가 와서 섰다.

마차에서 뛰어내린 사람은 강덕팔이었다. 그는 요시하라와 헤어진 후 뒷자리에 있다가 사라진 여인이 아무래도 미심쩍어 집으로 가지 않고 곧장 이곳으로 달려온 것이다.

"아니, 지금 다녀간 여인은 누굽니까?"

대문 앞에 서있는 김성백을 보고 강덕팔이 몹시 궁금한 듯 물었다. 그러자 김성백이 반문했다.

"아니, 자넨 또 이 밤중에 웬일인가? 안 선생은 자네를 내일 아침에 오라고 하고 돌려보냈다던데?"

강덕팔은 어색한 듯 어물어물하면서 딴소리를 둘러댔다.

"헤헤…. 아무리 생각해도 제가 없으면 안 선생님께서 불편해 하실 것 같아서요. 계신가요, 지금?"

"음, 전화만 오고 아직 들어오지 않았네."

"어으, 꽤 추워졌는데요. 방으로 들어가시지요."

강덕팔은 김성백과 함께 안중근의 방으로 들어가다가 김성백의 손에 들려 있는 편지를 보고 지나가는 소리처럼 물었다.

"아니, 그 편지는 뭡니까?"

"응, 방금 웬 여자가 와서…."

김성백이 아무 생각 없이 이렇게 대답을 하자 강덕팔이 기겁을 하며 놀랐다.

"네에?"

"자네, 왜 그렇게 놀라나?"

"아, 아닙니다. 안 선생님은 저하고 같이 다니는 동안 한 번도 아는 여자를 만난 적이 없으셨거든요."

"아니, 이 것이 안 선생에게 전하는 편지인 줄 어떻게 알았지?"

"아니, 그럼 아닌가요?"

그러면서 두 사람은 안중근의 방으로 들어갔다.

"이왕 왔으니, 하여간 여기서 좀 기다리게."

"예!"

"아, 그리고 이 편지를 안 선생 침대 머리맡에 놓아두게."

"에…, 그런데 김 선생님!"

"응?"

"저기, 안 선생님이 부인을 마중하러 하얼빈에 오셨다는 것이 사실입니까?"

"무슨 쓸 데 없는 소리야. 그렇지 않고서야 안 선생이 무엇 때문에 여비를 써가면서 여기에 왔겠나?"

"그렇죠, 하핫…."

"자네는 여기서 좀 기다리게. 난 볼 일이 좀 있네."

"예, 저는 여기서 책이나 보고 있겠습니다."

김성백이 나가자 강덕팔은 심호흡을 하며 혼자 중얼거렸다.

"…페테르스부르크에서 부인을? 권총, 그리고 장춘 역, 하얼빈 역? 신문이라? 그리고 여자의 편지? 아무래도 이상한 점이 많아, 어디 한

번…!"

강덕팔은 침대 머리 맡에 놓인 편지를 슬그머니 집어 들었다.

"음, 안 선생님 친전(親展)이라! 하지만 어쩔 수 없지."

강덕팔은 편지를 뜯었다.

『안 선생님, 급히 알려 드립니다!
데리고 다니시는 통역이란 자를 조심하십시오!』

"아니, 뭐라구?"

강덕팔은 눈을 부릅떴다.

『…그 자를 소개한 사람이 김성백 씨이고 그의 친척이지만 안심할 수 없는 인물이니, 일단 그 집에서 몸을 피하십시오.
　성스러운 선생님의 사업을 위해 만의 하나라도 도움이 되고자 선생님께서 나무라실 줄 알면서도 하얼빈에 와 있습니다.』

"아니, 그 여자. 아편쟁이를 가장했던 그 여자가."

강덕팔은 미칠 듯이 당황해 했다.

이 때 대문을 두드리는 소리가 들려왔다.

"김 선생, 김 선생!"

안중근의 목소리였다. 소스라치게 놀란 강덕팔은 편지를 마구 구겨서 호주머니에 쑤셔 넣었다.

대문을 열어 주며 말하는 김성백의 목소리도 들렸다.

"조금 전에 어떤 여자가 찾아와서 안 선생에게 전해 달라며 편지를 놓고 갔습니다. 만나려고 왔다가 못 뵙고 가니 편지를 반드시 본인에게 전해 달라고 하면서 말이오."

"그래요?"

"어두워서 자세히는 못 봤지만 아주 젊은 여자더군요."

"그럴 리가 없는데요?"

"글쎄, 블라디보스토크에서 온 누구라고 하던데?"

"블라디보스토크?"

"아, 최라구!"

"예에?"

안중근은 가슴이 철렁하고 내려앉는 것만 같았다.

"방에 편지가 있으니 들어가서 보시오. 아, 그리고 강 군도 와서 기다리고 있소."

"아니…, 강 군은 왜 또 왔습니까?"

"글쎄 모르겠소."

"하여간 들어가 보면 알겠지요."

안중근이 방으로 들어서자 강덕팔은 시치미를 뚝 떼며 이리저리 둘러댔다.

그러나 안중근을 속이기에는 너무나 어색하고 서툴렀다.

"아, 불편해 하실까봐 또 들렀습니다."

"고맙소."

안중근은 조금도 내색하지 않고 이렇게 대꾸하고 나서 편지를 찾아보았다.

"아니…, 나한테 온 편지가 있다고 하던데?"

김성백은 그 때 밖에 있었으므로 방 안에는 안중근과 강덕팔 둘 뿐이었다.

"아니 강 형, 혹시 여기 있던 편지 못 봤소?"

"그, 글쎄요?"

"거 이상하군?"

순간, 안중근이 강덕팔을 무섭게 쏘아 보았다. 그러자 강덕팔이 겁을 잔뜩 먹은 표정으로 말했다.

"무, 무슨 편지 말입니까…?"

강덕팔의 표정은 두려움으로 일그러지고 있었다. 안중근은 애써 방 안의 분위기를 바꾸려는 듯 큰 소리로 강덕팔을 불렀다.

"강 형!"

"…!"

"우리 어디 가서 술이나 한 잔 합시다."

"네에…?"

"하핫핫…, 예쁜 여자들이 있는 집으로 안내해 보시오!"

"하지만…."

"장춘에서처럼 혼자만 재미 보지 말고 말이오. 허허허…."

안중근이 어색한 분위기를 풀며 웃어버리자 강덕팔도 그제서야 살았다는 듯 계면쩍게 따라 웃었다.

"하지만 선생님! 편지가 없어져서 어쩌지요?"

"까짓거 뭐, 돈은 아니겠지? 어쨌든 알지도 못하는 사람이 가지고 온 편지라니까, 자 우리 나갑시다."

강덕팔은 그제서야 마음을 안정시킬 수 있었다.

"아주 멋있는 집으로 안내를 하지요. 안 선생님!"

두 사람은 그 길로 곧 술집으로 향했다. 평상시에는 폭음을 하지 않는 안중근이었지만, 그는 술에 있어서도 체력만큼이나 강했다.

"아하하…. 됐어, 됐어! 여기 강 형한테도 따라야지. 뭘 하구 있나."

"네! 자, 받으세요."

"그, 그만…."

"자, 우리 오늘 한번 마음껏 취해보세!"

"벌써 취했는걸요."

"아니, 그 정도 가지고 뭘 그러나."

"아, 아닙니다. 전…."

"그만 두세요, 선생님!"

술을 따르던 여종업원이 잔뜩 애교를 부리며 말했다.

"응, 왜?"

"제가 귀찮아져요."

"그게 무슨 소리야."

"호훗…. 강 선생님은 술만 취하면 이상한 버릇이 발동하거든요. 사람을 밤새도록 따라 다니면서 못살게 굴지요."

"허허헛…."

안중근이 따라 웃자 강덕팔은 슬그머니 여종업원을 끌고 일어섰다.

"자, 우린 춤이나 한 곡 추겠습니다."

"좋아요."

혼자 자리에 남은 안중근은 술잔을 비우며 강덕팔에 대해 다시 한 번 생각을 했다.

'음…, 녀석도 보통은 아니군. 조심해야 될 놈이야.'

춤을 추러 홀로 나간 강덕팔은 여종업원과 깔깔대며 좀처럼 자리로 돌아오지 않았다.

'음, 저 놈의 정체를 어떻게 밝혀낸다?'

안중근은 강덕팔을 바라보며 많은 생각을 하고 있었다.

'블라디보스토크에서 온 최라는 여자라면 틀림없이 최혜란일텐데, 왜 혜란이는 내 앞에 나타나지를 안하고 편지만 남겨 놓고 갔으며, 저 놈은 무엇 때문에 그 편지를 가로챘을까?'

안중근은 강덕팔을 취하게 만든 다음 집으로 데리고 가서 편지를 되찾고 실토를 받아낼 작정이었다.

바로 그 때였다. 홀 한쪽 구석에서 양복을 말끔하게 차려 입은 한 청년이 세 명의 러시아 군인들과 시비가 벌어진 채 그들에게 구타를 당하고 있었다.

안중근은 재빨리 그 곳으로 뛰어가 러시아 군인들을 큰소리로 꾸짖었다.

"뭐야! 이봐, 비겁하게 한 사람을 놓고 세 사람이 집단으로 폭행을 하는 법이 어디 있나?"

그러자 술에 취한 러시아 군인들이 안중근에게까지 주먹을 휘둘렀다.

안중근은 순식간에 러시아 군인들을 쓰러뜨리고 쓰러져 있는 청년을 일으켰다.

"자, 어서 피를 닦으시오. 다행히 크게 다친 데는 없는 것 같소."

"하, 스미마셍 (고맙습니다)!"

안중근은 어이가 없었다.

"아니, 당신 일본 사람이오?"

"하, 아리가토 고자이마스 (감사합니다)!"

"음…."

어쨌든 기묘한 인연이었다. 안중근이 구해 준 그 청년은 아라이라고 하는 일본인 신문기자였다.

"감사합니다, 선생!"

"어서 가 보시오!"

"에, 선생님께 제 명함이라도 한 장 드리겠습니다. 공연한 시비가 붙어서 그만, 선생님이 아니었다면…."

안중근은 아무렇게나 명함을 받아 넣고 자리로 돌아와 강덕팔을 찾았다.

"아니, 강 형! 강 형!"

안중근이 술집 안 여기저기를 두리번거리자 조금 전까지 강덕팔과 함께 춤을 추던 여종업원이 다가왔다.

"잠깐 다녀오신다고 하면서 방금 나가셨어요."

안중근은 술집에서 한참동안 강덕팔을 기다리다가 할 수 없이 김성백의 집으로 돌아왔다.

 강덕팔은 다음 날 아침에도 김성백의 집에 나타나지 않았다. 안중근으로부터 그간의 사정이야기를 전해들은 김성백은 그제서야 크게 놀라서 야단이었다.

 "아니! 덕팔이, 강덕팔 그 놈이…."

 "분명한 것은 알 수 없습니다만, 우리들의 일을 방해할 인물인 것만은 틀림없습니다."

 "그럴 리가, 그럴 리가 없는데…."

 강덕팔은 김성백이 그동안 믿고 있었던 사람이었다. 또한 친척이기도 한 가까운 사이였다.

 "분명히 강덕팔의 집으로 연락을 하셨습니까?"

 "물론이요, 안 선생!"

 "강덕팔은 어젯밤 집에도 들어오지 않았다고 하던가요?"

 "예…."

 "편지는 분명히 그 자가 훔쳐 갔습니다. 어젯밤에 찾아왔던 그 최라는 여자는 저 이상으로 믿어도 좋은 우리 동지입니다."

 "음, 내 친척 중에 그런 배신자가 있을 줄은?"

 "하여튼 저는 일단 여기를 떠나야겠습니다. 염치없습니다만, 돈 50원만 빌려 주십시오. 꼭 갚아드리도록 하겠습니다."

 안중근은 그동안 돈을 다 써버렸기 때문에 김성백으로부터 50원을 빌렸다. 50원이라면 쉽지 않은 거금이었으나 김성백은 선뜻 마련해 주었다.

숨가쁜 거사 직전

　이 때 마침 채가구에 있던 우덕순과 조도선 두 사람이 함께 안중근을 찾아왔다.
　블라디보스토크를 떠난 이후 한 번도 안중근을 만나지 못했으므로 이등박문의 하얼빈 도착을 이틀 앞두고 최종협의를 하기 위해서였다.
　안중근은 두 사람이 김성백과 인사를 끝내자 서둘렀다.
　"이 곳은 위험하오. 그렇잖아도 지금 거처를 옮기려던 참이었소. 자, 우리 빨리 나갑시다!"
　"아니, 갑자기 무슨 문제가 생겼소?"
　"다른 데로 자리를 옮겨서 이야기합시다!"
　그 때 응접실에 있는 전화벨이 울렸다. 김성백이 받았다.
　"네, 누구요? 안 선생? 그런데 댁은 누구시오? 장춘, 아 잠깐만 기다리십시오!"
　장춘에 있는 유동하로부터 온 전화였다.

"안 선생님!"

"무슨 일이야?"

"드디어 나타나는 모양입니다."

"뭐라구?"

"내일 아침 물건이 장춘역에 하역된다고 합니다."

"동하야, 흥분하지 말고 자세히 얘기해 봐!"

"내일 아침 8시경에 물건이 이곳에 도착한답니다. 벌써부터 일장기를 내걸고 온 시내가 북새통을 떠는 것으로 보아 일단 여기서 하차하는 것이 틀림없는 것 같습니다."

"알았다."

"선생님, 물건은 제가 맡겠습니다. 제가 먼저 처리했다는 소식을 들으시면 곧 해삼위로 떠나십시오. 저도 곧 뒤따라 가겠습니다."

"잘 알았다. 기회가 오면 절대로 놓치지 마라. 그리고 동하야!"

"예?"

"혹시 그 곳에 방해물이 나타날지 모르니 조심해라."

"예? 방해물이요?"

"동하야! 지난 번에 나와 동행했던 강덕팔이란 자의 얼굴을 기억하고 있지?"

"그 자가 어떻게 됐습니까?"

"그렇다! 그렇게 단정할 수밖에…. 시간이 없다. 만약 그 자가 나타나서 이상한 수작을 하거든 그 자부터 처치해라. 그리고 그 자한테서 반드시 혜란 양의 편지를 찾아내야 한다."

"아니, 혜란 양의 편지라니 그게 무슨 말씀이십니까?"

"지금 혜란 양이 이 곳에 와 있는 것 같다."

"예에?"

"확실하다. 혜란 양이 이 곳에서 우리의 일을 돕고 있는 것 같다."

"아니, 선생님!"

"동하야, 지금 하얼빈의 사태가 좋지 않으니 연락은 이것으로 마지막이다!"

"예에…?"

"무슨 일이 있어도 다시는 이 곳으로 연락을 하지 말아라. 최선을 다한 후 다시 만나도록 하자!"

그 말을 끝으로 안중근은 전화를 끊었다. 그리고는 서둘러 짐을 챙겼다. 그리고 김성백으로부터 받은 권총을 품 속에 깊이 간직했다.

"김 선생!"

김성백은 안중근이 자기를 부르자 괴로운 듯 몸둘바를 몰라 했다.

"이제 내게 필요한 것은 이 일곱발의 총알이 든 권총 하나뿐입니다. 내가 떠난 다음에 내 짐을 모두 태워서 없애 주십시오!"

"안 선생! 강덕팔이란 놈 때문에 동지들을 이렇게 뜻하지 않은 위험에 빠뜨리다니, 차라리 죽고 싶은 심정이오!"

그동안 조도선과 우덕순은 집 밖으로 나가 주위를 살폈다. 혹시라도 무슨 사태가 생길 경우를 대비하기 위함이었다.

안중근은 급히 편지 한 통을 썼다. 블라디보스토크의 대동공보사 주필 이강에게 보내는 편지였다.

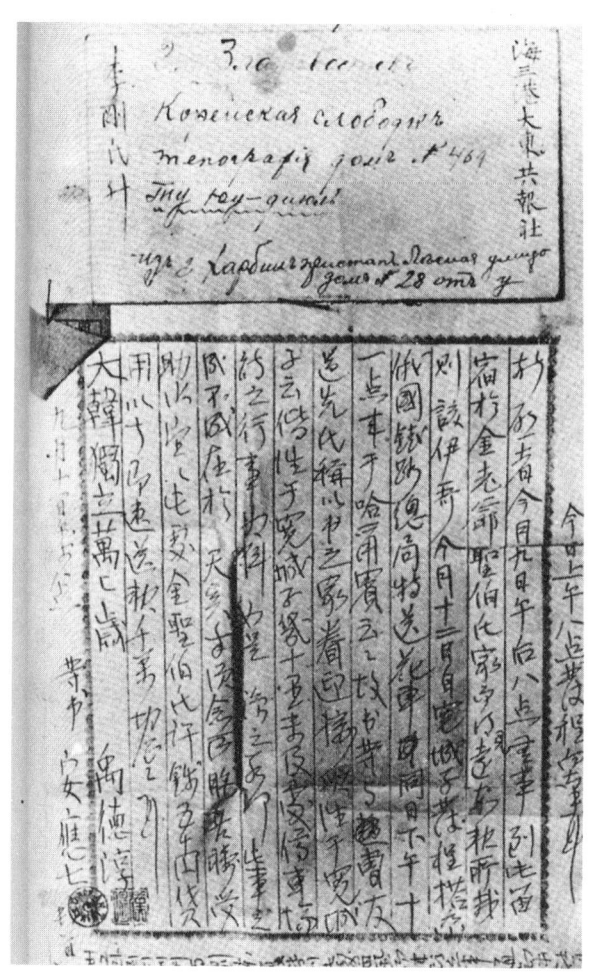

▲ 안 의사가 의거 직전 하얼빈에서 블라디보스토크에 있는 「대동공보사」 주필 이강에게 보낸 친필 서한.

『…조 동지와 우 동지 두 사람이 저의 식구들을 마중하기 위해 관성자(寬城子)에 갈 것이며…. 그곳에서 물건을 기다렸다가 대사를 결행할 작정이니 그리 알아주십시오.

일의 성패는 하늘에 달렸으니, 다행히 동포들의 기도와 성원에 힘입기를 엎드려 빕니다.

그리고 이곳에서 김성백 씨에게 50원을 차용하였으니 속히 갚아 주시기를 부탁드립니다.』

거사를 앞두고 안중근이 마지막으로 쓴 편지였다. 안중근은 편지를 봉하여 김성백에게 주었다.

"이 편지를 부쳐 주십시오. 그리고 강덕팔이 때문에 너무 상심하지 마십시오."

"정말 면목이 없소이다. 그러나 안 선생! 그 강덕팔이란 놈이 아무리 돈에 눈이 멀었다고 해도 내 집에 와 있는 안 선생을 직접 왜놈에게 팔지는 않았을 것이오. 그러니 내일 아침까지라도 내 집에 그냥 계시오. 지금 어디로 간단 말이오? 이등박문은 모레 아침에 도착할 것 아닙니까?"

"아닙니다. 지금 바로 떠나야겠습니다. 그동안 베풀어 주신 김 선생의 호의는 정말 고마웠습니다."

"조심하시오, 안 선생! 그동안 내가 꼭 강 군을 찾아서 모든 것을 밝혀내고 말테니…."

"고맙습니다."

"그렇게 믿었던 놈이 제 나라, 제 동포를 팔아먹는 왜놈의 앞잡이가 되다니."

"그러나 김 선생! 나는 강덕팔을 미워하는 대신 우리나라를 강탈하고 우리 민족을 분열시키고 있는 이등박문이란 자를 더욱 증오하고 있습니다."

이렇듯 마음을 정리하고 안중근이 김성백의 집 대문을 막 나서려고 할 때였다. 부가전 김성옥의 집에 있는 거우칭이 헐레벌떡 달려왔다.

"웬일이오? 거우칭!"

"저, 장궤가 보내서 왔습니다."

거우칭은 김성백에게 이렇게 말하고는 옆에 있던 안중근에게 허리를 굽혀 인사를 했다.

"안녕하십니까, 안 선생님!"

"무슨 일이오, 거우칭?"

그러자 거우칭은 안중근을 대문 안으로 급히 데리고 들어가 그에게 조심스럽게 말했다.

"우리 장궤가 방금 보셨다는데요, 그 통역 있잖습니까?"

"강덕팔이?"

"네, 그 자가 조금 전에 부가전에 있는 레스토랑으로 들어가는 것을 보았답니다."

"그래서?"

"그런데 그 자가 전화를 걸면서 일본말로 누구를 불러내고 있는데, 누가 나타날지 우리 장궤가 지키고 계시다면서 빨리 알려 드리라고 해서 달려왔습니다."

제2장 하얼빈의 총소리 **183**

"알았소!"

김성백의 집에는 이제 단 1분도 더 있을 수가 없었다. 그들은 먼저 거우칭을 돌려 보냈다. 혼자서 강덕팔을 지키고 있는 김성옥을 돕도록 하기 위해서였다.

안중근은 그 자리에서 급히 거사 계획을 변경했다.

"우 동지와 조 동지는 지금 곧 채가구로 가시오. 거기에서 두 동지가 이등박문을 해치우시오!"

"알겠소!"

안중근은 그들에게 30원을 나누어 주었다. 조도선과 우덕순은 급히 채가구로 떠났다.

이제 장춘은 유동하 혼자서 맡고, 채가구는 우덕순, 조도선 두 사람이 맡게 되었다. 그리고 안중근은 하얼빈이나 관성자 두 곳 중에서 형세에 따라 거사장소를 선정하기로 최종작전이 확정된 것이었다.

바로 그 시각 부가전의 레스토랑에는 강덕팔의 전화를 받은 일본영사관의 요시하라 참사관이 들어서고 있었다.

김성옥은 밖에 숨어서 그 광경을 지켜보고 있었다.

레스토랑 안에서 요시하라와 바싹 얼굴을 마주대고 앉은 강덕팔은 기분 나쁠 정도로 묘한 웃음을 웃고 있었다.

"우흐흐훗후…. 일본 대관께서 도착하는 날 놀랄만한 일이 생길 거라고 어제 내가 얘기했잖소!"

"틀림없소?"

"어서 돈이나 주시오."

"음, 자! 돈은 여기 있소."

요시하라는 주위를 한 번 살핀 후 가지고 온 돈을 탁자 밑으로 해서 슬그머니 강덕팔에게 건네 주었다. 그러나 강덕팔은 그 돈을 아무렇지도 않게 들고 금액을 확인했다.

"아니, 2만 루불 밖에 안 되지 않소?"

"1만불은 나중에 주겠소."

"요시하라 상, 이거 왜 이러시오."

강덕팔이 기분이 좋지 않은 듯 험악한 인상을 보이자 요시하라가 금방 대답을 했다.

"나중에 영사관에 가서 1만 루불을 더 주겠소."

"틀림없이 약속을 꼭 지키시오."

강덕팔은 금세 얼굴을 펴고 다시 한번 요시하라에게 다짐을 받았다.

"장춘 역, 채가구 역, 관성자 역 그리고 하얼빈 역 틀림없겠지?"

요시하라가 미심쩍은 듯 강덕팔에게 다짐을 받았다.

"그 중에서 제일 우두머리되는 자가 있는 곳으로 지금 곧 내가 같이 가줄테니 빨리 준비나 하시오!"

요시하라가 몸을 일으켰다.

"여기서 잠깐만 기다리시오! 전화를 걸고 올테니."

"어이, 요시하라상! 지금 시간이 없소. 그 작자가 만일 눈치라도 채고…."

"알았소! 지금 곧 영사관 경찰들을 출동시키겠소."

요시하라는 서둘러 카운터로 가서 수화기를 들었다.

그때였다.

"탕!"

"으윽…."

순식간에 일어난 일이었다. 난데없는 총소리와 함께 요시하라가 한 손에 수화기를 든 채 복부를 움켜쥐고 쓰러졌다. 강덕팔이 요시하라가 쓰러져 있는 곳으로 황급히 달려갔다.

"요시하라!"

그 순간, 그의 눈 앞에 수달피 외투를 입은 여인의 손에 쥐어진 총구가 보였다.

"강 선생!"

몇 사람 안 되는 레스토랑 안의 손님들이 비명을 지르며 한쪽 구석으로 몸을 피하자 수달피 외투를 입은 여인이 겨누는 총구 앞에 강덕팔만 덩그러니 노출되었다.

단 한 발에 요시하라를 쓰러뜨린 것으로 보아 그녀는 사격술에 꽤나 자신이 있는 것 같았다.

"강 선생, 나를 모르시겠소?"

"아, 아니…! 다, 당신은, 그 아편쟁이?"

"이 개만도 못한 놈!"

"아니, 왜 이러시오?"

"이 더러운 왜놈의 개!"

"탕!"

그녀가 쏜 총알은 놀랍게도 강덕팔의 양 눈썹 사이의 미간을 정확히 명중시켰다.

바로 그 때, 테이블 저쪽에서 이 광경을 지켜 보고 있던 러시아 여인 한 명이 비명을 질렀다.

"아가씨! 뒤에!"

그와 동시에 탕하고 한 발의 총성이 또 울렸다. 수달피 외투의 여인이 등에 총을 맞고 힘없이 쓰러졌다. 그리고 최후의 기력을 다해 수달피 외투의 여인을 쏜 일본인 요시하라도 이내 숨을 거두었다.

안중근이 거우칭을 따라 레스토랑에 도착했을 때는 현장 보존을 위해 경찰의 통제가 삼엄하게 펼쳐진 후였다.

안중근이 레스토랑 안으로 들어가려고 하자 김성백이 그를 붙잡았다.

"안 선생, 가까이 가시면 안됩니다."

김성옥이 거우칭과 함께 안중근과 김성백이 서 있는 쪽으로 달려왔다.

"혜란 양은? 그 여자는 어찌 되었소?"

"그 여자는 등에 총을 맞고 죽었소!"

"아니, 최혜란이 죽다니?"

"그 여자의 총을 맞고 죽은 줄로만 알고 있었던 요시하라가 마지막 기력을 다해 그 여자를 쏘고 죽은 것입니다."

"혜란양이 정말 죽었단 말이오?"

"어떤 러시아인 부인이 쓰러진 여자를 구하려고 안아 일으키자 그 여인은 러시아인 부인의 품에서 들릴 듯 말 듯한 작은 소리로 '까레 하라(대한만세)'를 두 번 외치고 숨을 거두었습니다."

안중근은 독백을 하듯 김성백에게 말했다.

"많은 사람들에게 전해 주시오. 그 여인의 이름은 최혜란이오! 나이는 26세, 지난 봄 회령전투에서 왜놈 두 놈을 해치우고 장렬하게 전사하신 최석도 의사의 따님이오. 누가 이 다음에라도 고국의 흙 한 줌만 가져다가 최혜란 동지의 무덤에 뿌려 주시오. 그것이 그 여인의 소원이었소. 그 여자의 고향은 함경도 경원…. 내 손으로 그렇게 해 주고 싶은 생각은 간절하나 나는 아무래도 앞날을 기약할 수 없는 몸이오."

그 날 안중근은 최혜란의 시신이 앰블런스에 실려 가는 것을 먼 발치에서 바라보기만 한 채 돌아서야 했다.

쓰러지는 거흉(巨兇)

 이 시각, 이토 히로부미는 여순에서부터 동청철도의 특별열차를 타고 북상하고 있었다. 이토가 탄 특별열차가 통과하는 각 역의 경계는 예상했던 것보다는 훨씬 더 삼엄하고 철통같았다.

 그처럼 철통같은 경계 속에 이토는 첫 번째 총구가 노리고 있는 장춘 역을 무사히 통과했다. 그토록 제 1탄을 자기가 명중시키겠다고 벼르던 유동하는 이토가 탄 특별열차가 통과할 때 장춘 역 안에 들어가보지도 못한 채 그대로 보내 버리고 말았다.

 그가 입수한 정보대로 이토가 탄 특별열차가 장춘역에 도착은 하였으나 이토는 하차도 않은 채 26일 새벽에 장춘 역을 그대로 통과하고 말았다.

 다음 두 번째 총구인 우덕순과 조도선이 기다리고 있는 채가구 역의 상황도 마찬가지였다. 장춘에서 한 방의 총소리도 나지 않았다는 것을 안 두 사람은 실패할 것을 각오하고 육탄돌격을 결심하였다.

한편, 김성백은 강덕팔로 인한 본의 아닌 실수를 만회하기 위해서 마적단 패거리 몇 명을 매수하여 채가구로 보냈다. 그것은 안중근도 전혀 모르는 일이었다. 거우칭과 마적단 패거리는 우덕순과 조도선의 얼굴을 알지 못했으므로 채가구 역 부근을 배회하다가 총소리가 나면 무조건 총 쏜 사람을 돕고 그들을 탈출시키기로 되어 있었다.

이토 히로부미를 태운 특별열차가 채가구 역에 도착한 것은 날이 거의 밝아서였다. 우덕순과 조도선은 특별열차가 막 도착한 역 안으로 뛰어 들어갔다.

그러나 두 사람은 플랫폼에 이르기도 전에 청국 관헌들에게 붙잡히고 말았다.

두 사람이 청국 관헌들에게 붙잡혀 끌려가는 것을 거우칭과 마적단 패거리들은 우두커니 바라보고만 있을 뿐 속수무책이었다.

채가구 역에서도 총소리 한 방 듣지 않고 무사히 지나온 이토 히로부미는 이제 마지막 안중근이 기다리고 있는 하얼빈 역에서 그의 운명이 결정지어질 수밖에 없게 되었다.

1909년 10월 26일 아침 7시.

하얼빈 역 구내다방에서 싸늘하게 식어가는 차를 마시고 있는 한 젊은이가 있었다. 일본식 신사복에 도리우지 모자를 쓴 30세 전후의 건장한 이 사나이는 바로 안중근이었다.

하얼빈 역 주변과 역사 안은 8시경부터 요란해지기 시작했다. 하얼빈 역의 경계는 특별열차가 지금까지 지나온 다른 역과는 비교도 되지 않을 만큼 삼엄했다.

 하얼빈 역 구내에는 수천 명의 러시아 군대와 의장대, 일본 헌병대가 도열하였다. 그리고 그뿐만 아니었다. 청국의 현지 경찰관들이 동원되어 행사장 외곽을 지키고 있었다.

 마침내 안중근이 안으로 들어가기 위해 구내 다방을 나오자 청국 경찰관들이 그의 앞을 가로막았다.

 "아니, 여보시오! 환영을 나오라고 해놓고 들여보내지도 않으면 어떻게 하란 말이오?"

 "출입허가증이 있는 사람이 아니면 안됩니다. 저 쪽으로 가십시오!"

 안중근은 청국 경찰관에게 제지를 당하자 마음 속으로 그들을 안타

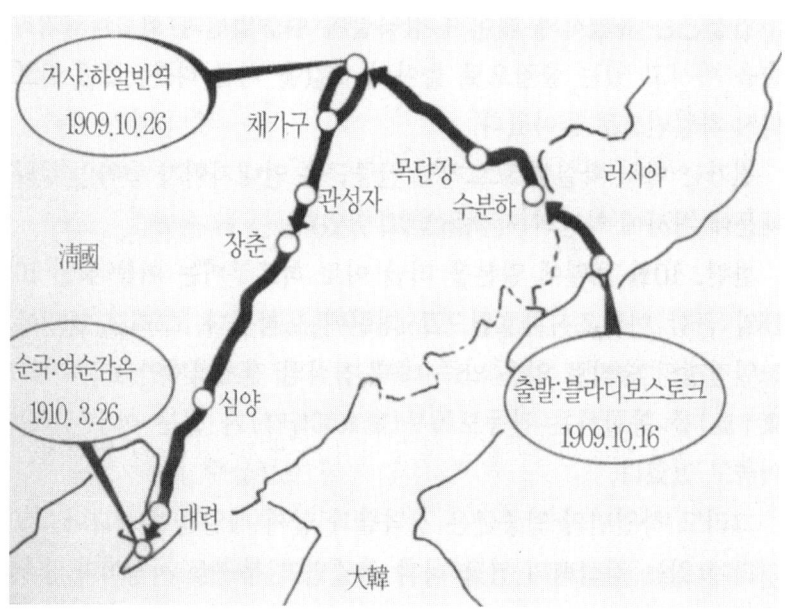

▲ 안 의사의 거사 일정.

까워 하면서도 한편으로는 측은한 생각까지 들었다.

'음…, 가련한 청국 백성들아! 너희들의 땅 만주 조차지(租借地)를 영구히 먹어 치우기 위해 러시아 놈들과 결탁하러 오는 이등박문을 이토록 환영하고, 이처럼 삼엄하게 경계까지 하고 있는 것을 보니, 너희들은 우리 민족보다도 더 가련한 백성들이로구나!'

9시 10분, 이토 히로부미를 실은 특별열차가 하얼빈 역으로 미끄러지듯이 들어와 가벼운 반동과 함께 멈췄다. 열차가 도착하자 플랫폼 안은 장중한 군악이 울리고, 경축화포가 터지는 소리, 일장기를 든 일본 거류민들의 만세소리가 가득했다.

밖에서 초조하게 기회를 엿보고 있던 안중근은 이때다 싶어 재빨리 역사 안으로 뛰어 들어갔다.

"어디를 가시오?"

청국 경찰관이 또 앞을 가로 막았다.

"나, 오사카 아사히신문 특파원이오!"

"못 들어갑니다."

"뭐요? 뭐, 이런 사람이 다 있어! 난 오사카 아사히신문 특파원이란 말이요!"

안중근은 청국 경찰관을 밀어 젖히며 들어갔다. 그러나 이번에는 제2경비선이 쳐져 있는 개찰구에서 러시아 헌병이 그를 가로 막았다.

"뭐요?"

"신문기자요!"

"못 들어갑니다."

"이봐요! 난 오사카 아사히신문 특파원이오. 이토 공작을 회견할 기자란 말이오. 늦었소! 빨리 들어가야 하니 비키시오!"

안중근은 순식간에 1번 홈으로 돌입하는데 성공했다.

1번 홈은 지금 막 도착한 특별열차를 에워싸고 러시아 군대와 헌병, 의장대, 일본 헌병, 하얼빈 주재 외교 사절들과 일장기를 든 일본 거류민들로 가득 차 있었다. 그러나 일본 헌병들은 이토를 경호하는 데에만 치중한 채 역사 안의 경비는 러시아 군대와 헌병이 맡고 있었다.

안중근이 막 환영인파 속으로 잠입하기 직전에 또 한 번 러시아 헌병이 그를 막아섰다.

"여보시오! 당신 뭐요?"

"아니, 저기서는 들여보냈는데 왜 또 이러시오?"

"일반인이 개인적으로 들어오는 건 안됩니다. 나가시오!"

"아니, 우리 일본인 신문기자가 당신네 명령을 들어야 한단 말이오?"

"신문기자?"

"그렇소. 아사히신문 기자요. 이토 공작과 코코흐체프 대신의 회견을 취재할 특파원이란 말이오!"

안중근은 품 속에서 명함을 꺼내 보여 주었다. 그것은 며칠 전 술집에서 안중근이 구해 주었던 일본인 신문기자 아라이의 명함이었다.

러시아 헌병은 명함을 받아들고 소리 내어 읽었다.

"음, 오사카 아사히신문 특파원 아라이…?"

"자, 수고하시오!"

러시아 헌병은 안중근이 준 명함을 보고 고개를 끄덕이다가 다시 그를 불러 세웠다.

"잠깐!"

"뭐요?"

"몸 수색을 해야 합니다."

"뭐요?"

"당신네 일본제국 대관들의 안전을 위해서 하는 일이니 불쾌하게 생각하지 마시오."

안중근은 벌컥 화를 내며 러시아 헌병을 다그쳤다.

"이거 정말, 신문기자에게 이렇게 해도 되는거요?"

"상부의 명령이오!"

"신문 기자를 못 들어가게 하다니?"

안중근이 또다시 소리를 크게 지르자, 금세 러시아 헌병들이 몰려들었다.

바로 그 때. 팔에 신문기자 완장을 두른 진짜 오사카 아사히신문 특파원 아라이가 이 광경을 보고 급히 다가왔다.

그는 한눈에 안중근을 알아보고 무척 반가워했다.

"아니, 선생님! 웬일이십니까?"

"아, 이자들이 공연히 몸을 수색한다고 이러지 않소. 이 자들이 혹시 그 날 당신에게 행패를 부리던 놈들 아니오?"

안중근이 일본어로 이렇게 말하자, 아라이 기자는 러시아 헌병들에게 대뜸 유창한 러시아어로 눈을 부라리며 쏘아 붙였다.

"이봐요, 이 선생님은 내가 잘 아는 분이요. 몸 수색 같은 건 할 필요가 없소!"

안중근은 아라이 기자에게 이토를 가까운 거리에서 보기 위해 자신이 아사히신문 기자라고 꾸며 댔노라고 말했다. 그러자 아라이 기자는 러시아 헌병들에게 더 큰소리로 호통을 쳤다.

"알겠소? 이 분이 우리 오사카 아사히신문의 특파원이란 말이요. 당신네 코코흐체프 재무대신과의 특별회견 기사를 쓰려고 오신 분이오."

아라이 기자는 러시아 헌병들에게 호통을 치고 나서 안중근을 끌고 안으로 들어갔다.

다행스럽게도 이등박문은 그 때까지 열차에서 내리지 않고 있었다. 러시아 재무대신 코코흐체프가 열차 안에서 이토 히로부미와 첫 회담을 하고 있었기 때문이다.

이것은 예정에 없던 일이었으나, 그것이 오히려 안중근에게는 천재일우의 기회를 만들어 준 셈이었다.

안중근이 누구인지 전혀 알지 못하는 아라이 기자는 나흘 전 자기에게 도움을 준 안중근에게 진심으로 감사를 표했다. 아라이 기자는 그 때 너무도 혼이 났던 모양이었다.

"지난 번에는 정말 감사했습니다."

"허헛…. 그 날 밤은 러시아 헌병 놈들에게 혼쭐이 나시더니 오늘은 아주 당당하시구려."

"그 날 선생님이 아니었더라면 아주 큰일 날 뻔했습니다."

"공교롭게도 오늘은 내가 러시아 헌병 놈들에게 시비를 당하다가 구출을 받았으니 입장이 거꾸로 된 셈이구려. 하하…."

"별 말씀을…. 그 때와 오늘을 어찌 비교나 할 수 있겠습니까. 저는 보시다시피 취재 때문에 바빠서 저 안으로 먼저 들어가 봐야겠습니다."

"아, 그러시죠. 어서 일을 보십시오."

아라이 기자는 기사 취재 때문에 더이상 얘기를 나누지 못하고 총총히 행사장 안쪽으로 사라졌다.

순간 안중근은 재빠른 동작으로 일장기를 든 일본 거류민들의 대열로 파고 들었다. 그러나 위치가 좋지 않아서 다시 2열 횡대로 늘어서 있는 러시아 의장대 뒤로 자리를 옮겼다.

▲ 하얼빈역에 내리는 이토(가운데 수염난 사람). 러시아 재무대신 코코흐체프와 함께 각국 영사들의 환영을 받고 있다.

정확히 9시 25분, 이토 히로부미가 전망차에 모습을 나타냈다. 백발에 흰 수염을 기른 자그마한 체구의 노인이 거만스럽게 내려서자, 역 안에 있던 환영객들은 일제히 환호성을 질렀다.

잠시 후, 그들은 그들의 환호성이 이토의 장송을 위한 장송곡으로 변할 줄은 꿈에도 생각지 못하고 천지가 진동하도록 아우성을 쳤다.

조선 침략의 원흉이며 일본제국의 천황 다음 가는 거물 이토 히로부미가 중산모를 벗어 흔들며 천천히 플랫폼을 밟았다.

플랫폼에 내린 이토는 러시아의 북경 주차공사(駐箚公使) 코르스도예프, 일본 총영사 가와카미, 만철(滿鐵) 이사 다나카, 궁내부대신 비서관 모리 등의 호위를 받으며 흡족한 표정으로 의장대 앞을 지나 각국 영사관 직원들이 서있는 앞으로 걸어가 의례적인 인사를 했다.

그리고 러시아 장교단 앞으로 서서히 발길을 옮겼다.

이토는 옆에서 나란히 걷고 있는 코코흐체프를 불렀다.

"코코흐체프 각하!"

"예, 공작 각하!"

"대련, 여순, 봉천을 두루 둘러서 왔지만 이처럼 열광적인 환영은 받아보지 못한 것 같소이다!"

"그렇습니다. 우리 러시아 제국 군대는 각하께 최대의 경의를 보내고 있습니다."

이토는 청국 의장대가 서있는 쪽을 바라 보았다. 한 쪽에 치우쳐 있는 청국 의장대의 모습은 기가 죽어 보기에도 너무 초라했다. 대륙 침략의 야심을 품고 있는 그의 눈에는 그러한 모습이 탐탁할 리가 없었다. 재빨리 그런 눈치를 챈 코코흐체프가 얼른 이토의 비위를 맞추었다.

"이토 각하, 이제 미국만 동의를 하면 이 하얼빈 땅에서 청국 군대의 모습이 사라질 날도 멀지 않았습니다."

"하하하…. 이번 하얼빈 회담에서는 그 문제에 대해서 아주 결단을 내릴 수 있도록 각하께서 적극 협조해 주시리라 믿습니다!"

"잘 알고 있습니다. 각하!"

환호 소리가 다시 크게 울렸다. 이토는 거만한 미소를 흘리며 다시 모자를 벗어 흔들었다.

이 때 러시아 의장대와 장교단이 도열한 사이에서 기회를 엿보고 있던 안중근이 이등박문의 모습이 사정거리 안에 들어오자 러시아 의장대를 밀치며 번개처럼 뛰어나갔다.

그리고 세발의 총성이 울렸다.

"탕, 탕, 탕!"

이등박문이 세발의 총탄을 맞고 쓰러진 것을 확인한 안중근은 계속해서 이토의 좌우에 있던 가와카미 총영사, 다나카 만철이사, 모리 일본 궁내부대신 비서관을 단 1발씩의 총알로 쓰러뜨렸다.

"탕, 탕, 탕!"

7연발 브라우닝 권총이 6발의 총알을 내뿜은 것은 단 몇 초 동안의 일이었다. 그 여섯 발의 총탄이 단 한발의 실수도 없이 모두가 명중한 것이다. 다만 이등박문에게만 세발을 쏜 것은 우리민족의 피맺힌 한을 덤으로 두발을 더 쏘았을 뿐이었다.

▲ 1909년 10월 26일. 하얼빈 역에서 원흉 이토를 처단한 직후의 장면

　권총을 명중시키기란 대단히 어려운 일이다. 그럼에도 안중근이 여섯발 모두를 명중시켰다는 것은 그의 정신력이 얼마나 강인한가를 말해 주는 것이었다. 그 때 현장을 목격한 러시아 장교들은 그의 귀신같은 사격술에 정말 놀랐다고 술회했다.

　환영장은 순식간에 아수라장으로 변했다. 마침내 이등박문이 세발의 총알을 맞고 가슴을 움켜쥔 채 고목처럼 쓰러지는 순간 안중근은 목이 터져라 '대한독립 만세'를 외쳤다.

　"대한독립 만세!"

　"대한독립 만세!"

　"대한독립 만세!"

　그제야 겨우 정신을 차린 러시아 헌병대위 니키호로프라는 자가 안중근의 다리를 걸어 같이 넘어지면서 안중근을 붙잡았다.

안중근은 한발의 총알이 남은 권총을 순순히 내주었다. 그리고는 그들 러시아 사람들에게 들으라는 듯이 또다시 '까레 후라 (대한만세)!'를 삼창했다.

이토가 안중근이 쏜 세발의 총탄을 맞고 쓰러지자 수행원 무로다가 쓰러진 이토를 부축해 일으켰다.

"각하!"

"야라레다나 (당했어). 몸 속에 탄환이 깊이 박힌 모양이니 나를 어서 열차 안으로 옮겨라!"

그 즉시 열차 안으로 옮겨진 이토에게 응급조치가 취해졌다. 이토를 수행하던 주치의 고야마가 브랜디를 권하자, 이토는 마지막 기력을 다해 겨우 들릴 듯 말 듯한 작은 소리로 고야마에게 물었다.

"누구야! 나를 누가 쏘았느냐?"

"조선인이랍니다!"

"음, 바가나야스 (바보같은 놈)…!"

이토는 숨이 곧 끊어지려는 듯 긴 호흡이 마디에 걸렸다.

"각하! 각하!"

"시맛다 (끝났어)!"

이 한 마디를 마지막으로 이토 히로부미는 마침내 숨을 거두었다. 안중근으로부터 총격을 받은 지 약 25분 후였다.

▲ 거사 직후의 안 의사

안중근은 러시아 헌병들에게 끌려가면서도 속으로 승리의 개가를 부르고 있었다. 목단강(牧丹江)을 건너올 때 기차 안에서 우덕순이 가사를 짓고 안중근이 곡을 붙여 네 사람이 함께 불렀던 또 하나의 거사가였다.

만났도다 만났도다, 원수 너를 만났도다.
너를 한 번 만나고자 일평생을 원했지만
앉을 때나 설 때나 하늘을 우러러 기도하길
살피소서 살피소서, 천부여 살피소서.
동반도(東半島)의 대제국(大帝國)을 내 원대로 구하소서.
오회! 간악한 노대적(老大賊)아, 너뿐인 줄 알지 마라.
너희 동포 5천만을 오늘부터 시작하여
하나둘씩 보는 대로 내 손으로 죽이리라.

안중근은 러시아 헌병대로 호송되어 가면서도 안중근은 마음속으로 이 노래를 우렁차게 부르고 있었다. 그의 가슴은 너무도 벅차고 뿌듯했다. 그리고 그의 눈에서는 희열의 눈물이 흐르고 있었다.
10월 26일자 중국어판 하얼빈 일보는 다음과 같은 기사를 실었다.

『나라를 잃은 조선 민족이 쏜 정의의 총탄이 마침내 선명한 강산을 약탈한 이등박문을 관통했다.
이등박문은 조선의 유신(維新)을 성명(聲明) 하면서 조선 민족을 노예로 만들었으며 조선을 병합했다. 그의 거짓 성명은 조선 민족의 골수에 사무쳤고, 그 복수의 기회를 기다리던 차 애국정의의 탄환이 이등박문을 쏘아 원수를 갚은 것이다.
피를 보고 남의 나라를 빼앗으면 그 결과가 이렇다는 것은 비단 일본만

이 아니라, 전 세계 각국이 모두 명심해야 할 것이다.』

또한 러시아어판 하얼빈 신문은 다음과 같은 기사를 실었다.

『조국의 노예와 같은 종속을 참을 수 없는 치욕으로 받아들인 조선인은 마침내 이토 공작을 저격하여 쓰러뜨렸다.
　조선인은 이토의 이름을 일본인의 대명사로 알고 있는 것 같다. 최근 이토가 조선을 완전히 일본의 지배하로 만들고 조선의 황제를 강제로 양위하게 한 사실은 조선인의 가슴에 깊은 상처를 입혔으며, 지금이야말로 복수할 시기라고 생각한 그들은 마침내 이토를 사살하고 만 것이다.
　이 사건은 일본과 기타 제국이 다른 나라를 압박할 때 반드시 주의해야 할 하나의 교훈으로 생각되며, 압박은 결국 스스로를 망치는 것이라는 교훈을 준 훈계라 할 것이다.
　따라서 러시아인도 스스로를 반성해야 할 것이다. 짓밟힌 조국을 위해 거사한 조선인 안중근의 총성은 세계만방을 향한 경각의 총소리임을 알아야 할 것이다.』

이로써 동양의 비스마르크로 불리는 탐욕의 거흉 이토 히로부미의 역사는 끝났다.
　하얼빈 역의 아침을 울린 안중근의 여섯 발의 총성은 전 세계로 울려 퍼지고 있었다.
　전파를 타고 하얼빈의 총성이 전 세계에 알려지자, 세계의 여론은 조선을 마음 속 깊이 동정하게 되었다. 특히 중국은 조야를 막론하고 안중근의 의거를 이렇게 칭송했다.

『아직도 조선에는 사람이 있으니 이 얼마나 다행한 일인가!』

창강 김택영은 역사와 문장에 능한 사람으로 당시 나이 60세였다. 그는 학부(學部)의 편집위원으로 있다가 을사년에 벼슬을 버렸다. 그리고 1908년에 중국 상해로 망명하여 울분으로 세월을 지냈는데, 그의 학문과 문장은 당시 청나라의 강유위, 정효서와 어깨를 겨룰 정도였다. 「조선소사(韓國小史)」, 「교정 삼국사기(敎正三國史記)」 등을 저술한 그는 안중근의 거사 소식을 듣고 끓어오르는 환호를 참지 못하여 다음과 같은 즉흥시를 읊었다.

평안도 장사 두 눈을 부릅뜨고
염소란 놈 죽이듯이 나라 원수 쾌살(快殺) 했다네.
죽지 않고 (나라가 망했는데도) 살았다가 이 좋은 소식 들을 줄이야.
미친 듯이 노래하고 춤추니 국화도 옆에서 우쭐대네.
해삼항(海蔘港)에 큰 배 하나 하늘을 쓸고 돌더니만
하얼빈 머리에 벼락불이 떨어졌네.
6대주에 많고 적은 호건객(豪健客)들
일시 가을 바람에 아침 수젓가락 떨구었으리.

비굴한 어릿광대들

　안중근은 러시아 헌병대에서 이틀 동안을 지낸 뒤, 10월 28일 일본 헌병대에 인계되었다.
　뒤이어 우덕순, 조도선도 공범으로 함께 일본 헌병대에 인계되었고, 장춘에서 채가구로 달려온 유동하도 체포되었다.
　한편 상해의 민호일보는 사설에서 안중근의 의거와 함께 새로운 역사의 위기를 다음과 같이 예고하고 있었다.

　『현대 세계의 경쟁은 아시아의 한 구석을 극열점으로 하고 있다.
　조선은 이미 망한 것이나 다름이 없고, 이제 청국이 표적이 되고 말았다. 무릇 세계의 여러 제국들 가운데 식민주의를 실시하는 나라는 많으나, 일본처럼 과격하고 급진적인 나라는 일찍이 보지 못하였다.
　러일전쟁 이후 불과 몇 년 동안에 요동의 한 구석을 식민지화하기 시작한 지 이제 10여 년에 이르고 있는데, 일본은 이 몇 년 동안에 전력을 다하여 조선을 경영하였다.
　들리는 바에 의하면 이번 이등박문의 만주 방문도 관동도독부를 폐지하고

조선 통감의 권력을 확장하고, 이어서 북경을 방문하여 청국의 내정고문(內政
顧問)이 되려는 데 있었다.
　앞서 일본이 조선을 경영할 때, 한일 협약의 체결을 강요하고 그 재정을 감
독함으로써 국가행정의 기능을 장악하여 마침내 조선은 오늘에 이르고 말았다.
　일본의 조선에 대한 처사는 세계의 여론에 비추어 매우 비인도적이며 참
혹하고 혹독한 것이라 하지 않을 수 없다.
　그러나 이등박문이 죽음으로써 일본 제국주의가 그 침략정책을 완화시키
는 것은 절대 아니라는 것을 우리는 깨달아야 한다.
　왜냐하면 세상 사람들이 모두 이등박문을 일제의 우두머리로 보고 있지만,
사실 이등박문은 온건파의 거두였다. 이등박문이 죽음으로써 수상 카스라를
위시한 강경파의 세력이 더욱 강해질 것이므로, 청국과 조선에 대한 일제의
야욕은 보다 급진적으로 실행될 것이다.』

　이는 당시 양식이 있는 사람이라면 누구나 다 인식할 수 있었던 가
장 정확한 견해였다.
　안중근이 이토를 사살함으로써 그동안 조선침략을 주도해오던 일
본군벌의 여론은 더욱 과격해졌다. 아예, 이 기회에 한일합방을 성사
시키고 조선을 송두리째 먹어치우자는 것이었다.
　치욕의 장으로만 엮어져온 대한제국의 역사는 이 사건을 계기로 또
한 차례 치욕의 수렁 속으로 빠져 들어가야만 했다.

　안중근의 의거 소식이 조선 조정에 전해지자 망국의 총리대신 이완
용은 그 날로 긴급각의를 소집하여, 유약하고 지각없는 황제를 공포
속으로 몰아 넣었다.
　이완용은 마치 치를 떠는 듯한 목소리로 아뢰었다.
　"폐하! 이런 흉변이 일어나다니 망극하기 그지없는 일이옵니다."

이 소리에 36세의 심신장애자 융희 황제(隆熙皇帝:순종)는 이완용이 들이대듯 올린 호외신문을 펴들고 경련을 하듯 떨고 있었다.

"애통한 일이옵니다. 폐하! 불학무식하고 유리걸식하던 부랑배가 감히 그토록 위대한 영웅을 저해하다니, 이는 대한제국의 수치가 아니고 무엇이겠습니까? 신 이완용이 생각하옵건대는 필시 일본이 엄중한 문책을 해 올 것이온데, 폐하께옵서는 무엇으로 그들의 분노를 감당하시려 하옵니까?"

"총리대신, 짐이 어찌해야 되는지 어서 내각에서 연구를 좀 하도록 하시오!"

"지난 해 덕수궁 태황제 폐하께옵서 해아 만국회의(萬國會議)에 사신을 밀파하였다는 트집을 잡혀 일본 외무대신이 직접 조선으로 나온 적이 있사온데, 이번에 더 높은 인물이 군대를 이끌고 오기라도 한다면…."

"총리대신, 어서 좋은 방책을 연구하고, 통감부의 동정이 어떻게 돌아가고 있는지도 좀 알아보도록 하시오!"

이때 황제 전용의 전화벨이 울렸다. 이완용을 접견하고 있는 대조전 알현실 안에는 황제와 이완용 두 사람뿐이었다.

전화벨이 울리자 이완용이 어쩔 줄 몰라 하며 다급한 소리로 순종 황제를 재촉했다.

"폐하!"

"총리대신, 경이 좀 받아 보도록 하오. 어서!"

"예, 폐하!"

전화벨이 계속 울리자 이완용이 수화기를 들었다.

"예, 창덕궁입니다. 예? 예…, 알겠사옵니다."

순종이 전화를 받고 있는 이완용에게 물었다.

"누구요?"

"받으십시오. 폐하!"

"누구냐고 묻지 않소!"

"덕수궁 귀비 마마이옵니다."

황제는 마지못해 수화기를 받아 들었다.

"말씀하십시오. 마마!"

"폐하, 태자 전하를 어찌 하시렵니까?"

"아니, 갑자기 그게 무슨 말씀이십니까?"

"동경에 있는 태자 은(垠)을…?"

"예? 태자가 어찌 되기라도 했다는 말씀입니까?"

"너무 하십니다. 폐하!"

"아니, 무슨 말씀이시온지?"

"폐하께서는 왜적의 나라에 볼모로 가있는 아우에 대해서는 조금도 염려되시는 바가 없으십니까?"

순헌 황귀비 엄씨는 전화통에 대고 순종에게 넋두리를 해댔다. 이를테면 전실 아들인 융희 황제에게였다.

"벌써 잊으셨습니까, 폐하? 너무 하십니다. 아무리 태자 은이 돌아가신 명성황후의 소생이 아니라 해도 분명 태황제 폐하의 피를 함께 나눈 동기간이옵니다. 그런데 어찌 폐하께옵서는 그토록 무심하시단 말씀입니까?"

지금은 어엿한 황태자 영친왕(英親王)의 생모요, 태황제의 계비가 된 엄씨지만, 지난 날에는 감히 고개도 제대로 들지 못할 융희 황제 순종에게 지금 넋두리를 하고 있는 것이다.

금년 56세인 그녀는 영월(寧越) 엄씨(嚴氏)로, 나중에 증의정부찬정(贈議政府贊政)이 된 서울의 중인 엄진삼의 장녀로 태어나, 8세 때 아기 궁녀로 입궐하여 경복궁에서 민비(閔妃)의 시위상궁으로 있었다.

질투가 많은 민비는 임금의 눈을 끌만한 예쁜 궁녀는 주위에 놓아두지 않았다. 하지만 엄씨는 인물이 그리 출중하지 못했기 때문에 고종 내외의 측근에 있을 수 있었다.

그러던 어느 날 밤, 고종의 승은(承恩)을 입게 된 엄상궁은 바로 그 날 밤, 민비의 심복 궁녀에게 발각되어 죽을 뻔했으나 고종의 기지로 당시 의금부동지사(義禁府同知事)였던 친로파의 거두 이범진(李範晉)의 집에 숨어서 화를 면할 수 있었다.

그 후 민비가 시해되자 경복궁에 들어가 임금의 총애를 받게 되고, 그리고 그후, 이범진이 아관파천(俄館播遷)을 주도할 때 결정적인 내조자 역할을 함으로써 생명을 구해 준 이범진에게 보은을 했다.

엄씨는 그 공로로 러시아 영사관 2층에서 거의 감금상태에 놓인 고종 임금을 홀로 모시게 됨으로써 그녀의 지위는 확고해졌다.

1897년, 그녀는 44세의 노산(老産)으로 유일한 소생인 영친왕 은(垠)을 낳았고, 황제가 된 고종으로부터 선영(善英)이라는 이름을 하사받고 귀인(貴人)에 책봉되었다.

그리고 은이 4세 때 순비(純妃)로 책봉되었으며, 은이 영친왕으로 책봉될 때는 순헌귀비(純獻貴妃)가 되고, 영친왕이 다시 황태자로 책봉되자 순헌 황귀비에 올랐다.

그러니까 이제는 그녀가 단지 정식 황후로만 책봉되지 않았을 뿐이지 실제로는 황귀비가 아니고 황태후였던 것이다.

지금 순종은 지금 무턱대고 떼를 쓰는 엄비에게 꾸짖듯이 역성을 냈다.

"황귀비 마마!"

그럼에도 엄비는 계속해서 넋두리를 해댔다.

"그나마, 태자에 관해 모든 책임을 진다고 호언장담하던 이등박문이란 자마저 만주 땅에서 죽어 버렸으니, 애처로운 태자의 안위는 이제 누가 보장한단 말씀입니까!"

"짐도 알고 있습니다. 그것은….”

"폐하께서 어서 태자를 환국토록 하셔야 합니다."

"그러나 황귀비 마마! 지금 이등박문의 흉변으로 사직의 안위가 우려되는 이 마당에 어찌 태자의 일 하나만으로 일본국과의 교의를 무너뜨리겠습니까?"

"사죄 사절을 보내십시오."

"예, 뭐요?"

"폐하가 일본국으로 사죄사(謝罪使)를 보내시어 안중근이라는 이

나라의 무지한 백성 하나가 큰 죄를 범하였으니 너그러이 용서를 해달라고 사죄토록 한 후, 돌아오는 길에 태자를 모시고 오도록 조치를 하십시오. 폐하!"

"황귀비 마마!"

"이것은 태황제 폐하의 뜻이기도 합니다."

"알았습니다. 그만….”

황제는 먼저 전화를 끊어 버렸다. 과거에 그의 모후 민비가 살았을 때는 세자이던 그가 모후 전에 갔을 때 "여봐라, 엄 상궁!" 하고 부르던 황귀비였다. 그러나 효성과 우애가 지극하던 순종이 지금 그러한 과거를 생각하여 황귀비에게 불손하려는 것은 추호도 아니었다.

황제는 혼자 탄식조로 말했다.

"그 대쪽같은 배일(排日)의 기개를 꺾지 않으시던 태황제 폐하께서마저 혈육의 정을 이기지 못하시어 이제 이 나라 황제더러 일본에게 무릎을 꿇으라 하시니…. 그 안중근이란 자가 도시 어떤 자인가? 나라를 구하려고 총을 쏘았는지, 나라를 망치려고 총을 쏘았는지 짐을 괴롭힐 뿐이로구나. 사죄사? 이 나라 황제더러 사죄사를 보내라구?"

그러자 이완용이 안타깝다는 듯이 아뢰었다.

"황공하옵니다. 폐하!"

"총리대신!"

"예!"

"그래, 내각회의에서는 이에 대한 대책을 전혀 세운 바가 없단 말이오?"

"우선…, 폐하의 윤허만 내리시면 이등 공작에게 문충공(文忠公)이라는 시호(諡號)를 내리고, 황공하오나 폐하께옵서 친히 통감부로 납시어 소네 통감에게…."

"무어라고?"

"황공하온 말씀이오나 우선 소네 통감에게라도 정중한 조위(弔慰)를 표시하시는 것이 지금으로서는 가장 좋은 방책이 아닌가 하옵니다."

"총리대신이 가도록 하오!"

"저어…."

"짐이 통감을 찾아가 만날 것이 아니라 차라리 일본으로 사죄사를 보낼 터이니, 통감에게 의향을 물어 보도록 하시오!"

"예, 폐하!"

이완용은 난처했지만 어쩔 수가 없었다. 일본과 결탁하여 나라를 팔아먹고 일신의 영달을 꾀하는 그였지만 더이상 황제를 강박할 수는 없었다.

이완용은 곧 통감 소네 아라스케를 찾아갔다. 그러나 소네는 이완용의 제청을 일언지하에 거절하였다.

"아, 뭐 그러실 것까지는 없습니다."

"예?"

"이번 사건은 조선 황실에서 아무런 책임이 없는데 무슨 사죄사가 필요하겠습니까!"

"아니, 하지만…."

"그만 두시오!"

"그러나 범인이 분명 이 나라의 백성인데 어찌 우리가 가만히 있을 수 있겠습니까!"

이완용은 소네의 냉담한 태도가 더욱 마음에 걸렸다. 다음 날 이완용은 다시 내각회의를 열었다.

"통감의 태도가 그토록 냉담한 것은 곧 우리나라에 더 큰 위험이 닥친다는 암시인 것 같소. 그러니 우리 내각은 내각대로 이에 대처를 해야겠소이다. 우선 금명일간 이등 공작의 유해가 대련(大蓮)에서 일본으로 떠난다고 하니, 유해가 떠나기 전에 우리 몇 사람이 대련으로 가서 유해를 수행하여 일본으로 갑시다. 그렇게 하면 일본에서도 유해를 모시고 온 사절들을 그렇게 무참하게 꾸짖지는 않을 것 같소이다."

지금 이완용은 총리인 자신이 직접 대신들을 거느리고 암살당한 외국 원로의 시신을 뒤따라가면서 뭇 시선과 분노의 욕설을 감수하겠다고 의논을 벌이고 있는 것이다. 개 노릇을 하되 아주 철저하게 더러운 곳이라도 핥자는 의도였다.

내각회의장은 창덕궁 안 빈청(賓廳).

총리대신 이완용의 제안에 대신들은 단 한 마디의 반발도 하지 못하고 꿀 먹은 벙어리들처럼 앉아 있었다.

이 때 윤덕영이 내각 회의장 안으로 순종 황제를 모시고 들어왔다.

"대감들!"

"아니, 시종원경(侍從院卿)…!"

"폐하께서 이리로 납시오!"

"예?"

길고 둥근 탁자를 가운데로 하고 빙 둘러앉아 있던 대신들은 일제히 의자에서 몸을 일으켰다.

10월 27일, 이 날 열린 내각회의장에 융희 황제 순종이 시종원경 윤덕영을 앞세우고 친림한 것이다.

황제는 시종원경 윤덕영과 상의하여 결정한 바를 쪽지에 적어 가지고 나왔다. 대신들에게 이것저것 몇 가지 물어본 다음 황제는 쪽지를 펴들었다.

"짐이 결정한 바를 알리겠소!"

"예, 폐하!"

"이완용 총리대신, 윤덕영 시종원경, 그리고 덕수궁을 대표하여 조민희 승녕부총관(承寧府總管), 유길준 한성부민회장(漢城府民會長)이 오늘 밤 안으로 대련으로 가서 이등 공의 유해를 수행하도록 하오!"

"황공하오이다. 폐하!"

이완용은 총리대신이니 내각 수반이었고, 윤덕영은 시종원경이니 금상 황제의 궁내부 수반, 승녕부는 태황제의 궁부(宮俯)로서 총관은 그 곳의 수반이었다. 그리고 유길준은 한성부민회장이니, 즉 서울 시민회장으로 민간단체의 으뜸가는 대표였다.

이들 네명의 대표가 죽은 이등박문의 시신을 뒤따르며, 안중근의 의거를 불의로 규정하고 그에 대한 사죄를 하기로 결정이 난 것이다.

황제의 칙명은 계속되었다.

"그리고 짐은 짐대로 내일 소네 통감의 관저를 방문하여 조의의 뜻을 표할 예정이오. 또한 민병석, 박제빈, 김윤식 등은 유해가 도착하기에 앞서 일본으로 건너가 일본 궁내부와 총리대신에게 짐의 칙서(勅書)를 전하고 정중히 사과의 뜻을 표하도록 하오!"

"지당하신 분부시옵니다. 폐하!"

"그리고 총리대신!"

"예, 폐하!"

"경은 지금 곧 일본에 있는 태자 은에게 전보를 치시오. 앞으로 석 달 동안 태자태사(太子太師)에 대한 조의의 뜻으로 상복의 예를 갖추도록 하라고 하오."

"과연 영지(英指)이시옵니다. 폐하! 태자 전하께서 석 달 동안 상복을 입으신다면 그들도 우리 황실이 진정으로 조의를 표한다는 것을 깊이 느낄 것입니다."

"군사부일체라 하였으니, 제자가 그 스승을 위해 석 달 동안 상복을 입는 것은 망발될 것이 없을 것이오. 이등 공은 태자태사의 대임을 맡아왔던 사람이니 그렇게 해야 마땅할 줄 아오."

"황공하여이다. 폐하!"

일본 제국은 이토 히로부미의 장례를 국장으로 치른다고 발표하였다. 장례식 날짜는 11월 4일이었다.

그 날까지 8일 동안 서울 장안에서는 일체의 가무음곡(歌舞音曲)을 금한다는 대한제국 내각의 고시가 발표되었고 치욕의 사절들은 10월 27일 오후 각기 대련과 일본으로 나뉘어 떠났다.

▲ 안 의사에 의해 처형된 이토 히로부미의 시신이 일본에 상륙하는 순간.

이 당시 대한제국의 재정은 나라의 주권을 팔아먹고도 항상 빚에 쪼들리고 있었다. 그리고 그 빚은 전부터 일본에게 진 빚이 대부분이었다. 백성들은 굶주림에 지쳐 쓰러지고 있었다.

그럼에도 대한제국 정부의 재정에서 이등박문의 부제전비(賻祭典費)로 3만원이 지출되었고 그의 유족에게도 조의금 명분으로 1십만원이 나갔다.

조선 침략을 주도한 이토의 잔악한 공로를 영구히 추모하자는 뜻이었을까?

안중근이 하얼빈에서 조선의군 참모중장으로서 빛나는 승리를 거두었음에도 불구하고 대한제국은 공식적으로만도 1십3만원의 손해배상을 물은 것이다.

▲ 일본 도쿄에서 거행된 이토 히로부미의 장례식.

한편 이토 히로부미의 시신은 10월 28일에 대련항에 정박 중인 군함 아키즈시마호에 실린 채, 허겁지겁 대련으로 달려온 이완용 등의 주구(走拘)들이 이토의 시신을 따랐다.

11월 1일 현해탄을 건너 요코스카 항에 도착한 이토의 시신은 11월 4일 도쿄의 히비야 공원에서 국장으로 장례를 치뤘다.

민병석 등의 사죄 사절단과 이완용 등의 이등박문 시신 수행자들은 이 날 장례식장에서 마치 제 할아버지가 죽은 것보다 더 슬퍼하는, 차마 눈뜨고는 볼 수 없는 추태를 연출하였다.

그리고 서울에서는 미처 일본까지 가지 못한 친일파의 우두머리 송병준, 이용구 등이 뻔질나게 통감부를 드나들며 일본인들과 함께 슬퍼하였고, 이학재, 민영우 등은 이등박문의 송덕비와 동상 건립을 외치고 나서는가 하면, 친일 개떼의 단체인 일진회(一進會)의 기관지 국민신보(國民申報) 사장 최영년은 이등박문의 추도식을 준비하느라 온갖 추태를 다 부리고 있었다.

안중근이 이토를 저격함으로써 일본에서는 침략군벌을 뒷받침하는 일부 여론이 날이 갈수록 더욱 과격해졌다.

이 기회에 하루 빨리 조선 합방을 선언하고 배일기세를 없애 후환을 예방해야만 해야 밀사 사건이나 안중근 사건과 같은 일이 다시 일어나지 않는다고 주장하는 무리가 많았다.

사건 당일 밤에는 서울에 주재하는 일본인 신문 기자단이 회합을 갖고 조선 황제가 일본에 건너가 사과를 해야 한다고 주장했다. 그리고 조선 황제가 신문지상을 통해 사과문을 발표할 것을 강력히 요구하는 결의를 하는 등 언론인들까지도 터무니없는 주장을 했다.

또한 일제는 이 사건의 배후를 확대하여 우국지사들을 되도록 많이 얽어 넣으려는 흉계를 꾸미고, 국내외에서 죄 없는 연루자들을 수없이 검거했다.

서울에서는 안중근과 선이 닿아 있는 공범이라 하여 정대호가 체포되었고, 하얼빈에서는 대동공보사 통신원 김성옥을 비롯하여 김형재, 유강노 등이 체포되었다.

함경도 명천에서는 김여수가 잡혀 들어갔고, 부령의 방사금, 함흥의 탁공규, 원산의 이진옥, 단천의 김성엽, 진남포의 정서우, 경북의 장수명 등이 잡혀 들어갔다. 그리고 안창호, 유동열, 이갑 등이 혐의의 대상에 오르게 되었다.

그러나 이들은 모두 모진 고문과 악형을 당했으나 끝내 증거 불충분으로 기소조차 시키지 못하고 석방되었다.

이토 저격사건으로 기소된 것은 안중근, 우덕순, 조도선, 유동하 이들 네명 뿐이었다. 이들은 러시아 헌병대에서 이틀 동안 조사를 받은 뒤 일본 헌병대로 넘겨졌고, 그곳에서 엄중한 감시와 경계를 받으며 그 즉시 기차 편으로 관동도독부의 여순감옥으로 이송되었다.

제 3 장
제일강산

공판정의 안중근

나의 염원은 조국의 독립뿐

죽어도 여한이 없다

마지막 유언

살아서 백년 죽어서 천년

공판정의 안중근

안중근을 체포한 것은 러시아 헌병이었다. 그리고 당시 하얼빈 역 구내의 경계책임도 러시아군에 있었다. 따라서 이들은 러사이 법정에서 재판을 받는 것이 당연했다.

그러나 러시아는 그렇게 할 경우 일본으로부터 크게 원한을 살 것이 두려워 자기들의 관할지에서 사건을 일으킨 안중근 일행을 이틀만에 일제의 손에 인계하였다.

물론 러시아 당국이 재판을 관할하여 안중근에게 사형을 언도할 수도 있었다. 그러나 그렇게 되면 재판 과정에서 안중근의 진술과 여러 증거자료를 들추는 변호인의 변론에 의해 일제의 침략상이 백일천하에 공개될 것이 뻔했다. 러시아 당국은 바로 그 점이 곤혹스러워서 안중근을 이틀만에 일본에 인계한 것이다.

러시아가 이틀 만에 이들의 신병을 일제에 인도하자 세계의 여론은 안중근에게 동정적이었다.

그러나 일본은 안중근의 재판을 저희가 관할할 법적인 근거를 가지고 있었다. 그것은 안중근이 거사를 하기 3개월 전인 1909년 7월 12일, 이등박문의 사임으로 신임통감이 된 소네와 매국대신 이완용 사이에 조인된 대한제국의 사법 및 감옥사무 위탁에 관한 5개 항목의 각서였다.

그 각서의 중요내용은 대한제국의 사법사무와 감옥사무, 즉 죄인의 체포, 신문, 재판, 형벌의 사무를 자기네 일본이 맡는다는 것이 조문화되어 있었다. 이것은 국외에 거주하고 있던 안중근에게도 적용된 것이다.

세계의 이목은 안중근의 재판에 집중되었다.

만주지역 최고의 일본 사법기관장인 관동도독부 고등법원장 히라이시는 급거 일본으로 귀국하여 저희 본국 정부의 고위층과 이 사건의 판결에 대해 협의하고 돌아왔다.

일제는 이 사건이 세계의 이목을 집중시키는 중요한 사건임에도 불구하고, 그들은 안중근을 예심조차 거치지 않고 곧바로 공판에 회부하기로 결정했다. 그것은 비록 저희 법정에서 재판을 할지라도 조선과 만주에서 행한 일제의 침략상이 재판 과정을 통해 전세계에 백일하에 드러나는 것을 막을 수가 없기 때문이었다.

그럴수록 세계의 여론은 안중근의 재판에 더 집중되었다.

러시아에서도 안중근을 칭송하는 지식인들의 여론이 비등한 채, 러시아 당국이 안중근을 이틀 만에 일제의 손에 넘긴 것은 매우 비겁한 처사라고 비판했다.

그뿐만 아니라 러시아, 중국, 미국 등 각지의 우리 동포들과 세계 각국의 변호사들이 안중근을 돕겠다고 나섰다.

국내에서도 변호사 안병찬이 여순으로 달려갔고, 한성변호사회(漢城辯護士會)에서는 변영만을 파견하기로 결정했다.

그리고 한때 민비 정권의 젊은 총수를 맡아 국사를 크게 그르친 바 있었던 민영익은 돈 4만원을 준비하여 국제적으로 명망이 있는 러시아와 프랑스의 유명 변호사를 초빙하였으며, 일본인 변호사 기시는 무료로 변호하겠다고 나섰다. 그런가하면 영국과 스페인에서까지 국제법을 전공한 실력있는 변호사들이 변론을 하겠다고 여순 관동도독부 지방법원에 변호인 허가신청서를 접수시켰다. 이렇게 되자 일본의 고민은 이만저만이 아니었다.

한편, 여순감옥에 수감된 안중근은 1909년 11월 14일, 감옥내에 있는 심문실에서 제2차 검찰신문을 받고 있었다. (1차검찰신문은 10월 30일 하얼빈주재 일본총영사관) 안중근은 일제로부터 혹독한 고문을 받으면서도 시종일관 의연했다.

검찰관이 안중근의 당당한 모습을 보고 놀라자 안중근이 준엄하게 그를 꾸짖었다.

"무릇, 나라가 욕을 당하면 백성들은 마땅히 죽어야 하는것과 같이 내가 국가에 생명을 봉헌(奉獻)하는 것은 지사(志士)로서 마땅한 본분이거늘, 나를 이렇게 학대할 수가 있단 말인가! 이것은 열 번을 생각해 보아도 부당한 일이다. 그리고 너희들이 나에게 주는 음식물은 도저히 사람이 먹을 수 없는 것들만 주니 나는 앞으로 너희들이 주는 음식은 일절 먹지 않겠다. 그리고 너희가 사람이라는 소리를 듣고 싶으면 나를 전쟁터에서 잡힌 전쟁포로로 대우해 주기 바란다!"

안중근의 말을 수긍하는 듯 검찰관이 고개를 끄덕였다.

육체적 고통뿐 아니라 다른 어떤 고통을 가해도 그의 강한 의지를 꺾을 수 없겠다고 생각한 검찰관은 안중근의 결박을 풀고 의자에 편히 앉힌 다음 부드러운 말로 회유했다. 이등박문을 죽인 것은 시국을 제대로 알지 못해서 그렇게 된 것이므로 이를 깊이 뉘우치고 있다고만 진술하면 목숨을 살려 주겠다는 것이었다.

그러자 안중근이 검찰관을 또다시 준엄하게 꾸짖었다.

"너희들이 그렇게 하는 것은 지금 내 한 목숨을 죽이는 것보다는 내 입을 통해 세계 만방에 안중근이 잘못했다는 성명을 발표하게 하고, 목숨을 붙여 두는 것이 너희에게 이롭기 때문일 것이다. 그러나 내가 살기를 원했다면 애당초 왜 이등박문을 죽였겠는가? 다시는 나를 회유하려고 하지 말라!"

안중근을 신문하던 미조후치 검찰관은 어떤 고통과 회유로도 그의 강한 의지를 꺾을 수 없음을 알고, 그 후부터는 안중근과 그의 동료들에 대한 대우가 달라졌다.

안중근은 1909년의 추운 겨울을 여순 감옥에서 지냈다. 물론 난방 시설이 있을 리 없는 전근대적인 살인감방에서였다.

안중근이 그의 공판일인 1910년 2월 7일까지 검찰심문을 받은 것은 모두 10회였다. 제1차는 하얼빈주재 일본총영사관에서였고 2차 검찰심문은 11월 14일 여순감옥 심문실에서 였다. 이후에도 안중근은 5회에 걸쳐 검찰심문을 계속 받았다. 11월 15일 3차신문, 11월 16~17일 이틀간의 4차신문, 11월 18일 5차신문, 11월 24일 6차 신문, 11월 26일 7차신문이 그것이다.

이처럼 계속적으로 이어지던 검찰신문이 한달 가까이 뚝 끊기더니 12월20일, 8차신문부터는 미조후치 검찰관의 그동안 호의적이고 정중하던 신문태도가 강압적인 분위기로 표변했다. 여기에는 그럴 만한 이유가 있었다. 안의사자서전에서 이 부분을 보자.

『하루는 검찰관이 또 와서 신문하는데 그 말과 행동이 전일과는 아주 딴판이어서 혹은 압제도 주고, 혹은 능욕하고 모멸도 하는 것이라. 나는 스스로 생각하되 '검찰관 생각이 이같이 돌변해진 것은 아마 제본심이 아니요, 어디서 딴 바람이 불어 닥친 것일 것이다. 그야말로 도심(道心)은 희미하고 인심은 위태롭다더니 과연 그말이 허언이 아니로구나' 하고 안중근이 대답하기를 '일본이 비록 백만군사를 가졌고 또 천만문의 대포를 갖추었다 해도 안응칠의 목숨 하나 죽이는 권세밖에 또 무슨 권세가 있을 거이냐. 사람이 이 세상에 태어나서 한 번 죽으면 그만인데 무슨 걱정이 있을 것이냐. 나는 더 대답할 것이 없으니 마음대로 하라고 했다.』

안중근은 그해 12월21일과 22일부터 사흘간 9차와 10차 검찰관신문을 받은 다음 이듬해인 1910년 1월26일 최종 검찰신문을 받고 송치되었다.

안중근이 자신이 8차 신문에서의 '검찰관의 태도 돌변'을 제 본심이 아니요 어디서 딴 바람이 불어닥친 것'으로 생각한 것은 정확한

▲ 안의사가 공판을 받던 당시 일제 관동도독부법원 청사.

▲ 2개의 수감동이 만나는 감시대 바로 옆 조실(調室). 일제의 신문도구들이 그대로 전시돼 있다.

판단이었다. 당시 일본제국을 움직이고 있는 권력의 핵심부에는 세력팽창과 강압적 식민정책을 추구하는 다분히 호전적이고 강경한 장주파(長州派)와 이에 비해 상대적으로 평화지향적이고 온건한 토좌파(土佐派)가 각기 큰 맥을 형성하고 있었다.

좌파 계열인 히라이시 법원장과 미조후지 검찰관 그리고 일인 변호사 등 관동도독부지방법원 관계자들은 조선인으로서 안중근의 거사 정당성, 재판권 행사의 애매성 그리고 안중근의 인품과 돈독한 신앙심에 대한 높은 평가 등으로 처음부터 안중근에게 무기징역을 고려하고 있었다.

그러나 법원장 히라이시가 안중근 사건으로 일본 본국을 다녀온 후부터는 안중근에 대한 태도가 돌변했다. 히라이시가 본국으로부터 '안중근을 극형에 처하라'는 밀명을 받고 온 것이다.

안중근의 동생 안공근(당시 23세)과 정근(25세)도 조선에서 여순으로 불려와 참고인 신문을 받았다. 안중근의 5차검찰신문 다음날인 11월19일이었다.

공근은 진남포의 초등학교를 거쳐 경성사범학교를 졸업, 진남포의 공립학교에서 교편을 잡고 있다가 '안의사의거'로 인해 사직했고, 정근은 경성 양정의숙에서 법률을 공부하다가 그도 마찬가지로 휴학한 상태였다.

안중근의 두 동생이 검찰관의 참고인 신문을 받고 여순감옥으로 형을 면회다니기 시작하던 무렵, 간도와 노령 연해주지방의 한인사회에서는 '안중근을 구하자'며 의연금 갹출운동을 전개하고 있었다.

이를 배경으로 블라디보스토크의 대동공보사와 한인동포들은 안중근의 변호를 위해 러시아인 미하일로프(대동공보 전임 사장)와 영국인 에드워드 더글러스 두 변호사를 선임했다.

이들 두 변호사가 안의사의 서명을 받아 변호인 선임계를 관동도독부 지방법원에 제출한 것은 1909년 12월1일이고 지방법원이 이를 허가하지 않기로 공식 결정한 것이 1910년 2월1일이니 앞에서 '지방법원의 허가를 이미 받았다'는 말은 '지방법원의 호의적 방침' 쯤으로 이해하면 될 것이다. 이때는 안중근에 대한 호의적인 태도가 강압적으로 돌변하기 이전이었다.

안중근은 법원관계자들의 태도변화에도 불구하고 의연하게 수감생활을 하면서 자서전 집필에 몰두했다. (안중근이 옥중에서 쓴 자서전은 1909년 12월13일 시작. 1910년 3월4일 일차 탈고. 3월15일 2차 탈고)

해가 바뀌어 1910년 2월 7일.

여순 관동도독부 지방법원의 고등법원 제1호 송정(訟廷)에서는 3백여 명의 방청객이 주시하는 가운데 안중근에 대한 제1회 공판이 열렸다.

담당 재판장은 마나베 쥬우조오, 관여 검찰관은 미조후치 히데오, 서기는 와타나베료오이치였다. 그들은 저희 일본인 관선 변호사 미즈노 렌타로오와 가마타 세이치의 법정 변호조차 허락하지 않으려고 하였다. 그러나 워낙 세계의 이목이 집중된 사건이었으므로 결국 그것만은 허락하게 되었다.

이 날 공판정에는 러시아의 명변호사 미하일로프와 법학자 야브친스키 부처, 영국인 변호사 에드워드 더글러스 등 수많은 유명 인사들이 재판을 지켜 보고 있었다. 그들은 안중근을 변호하고자 수만 리 밖에서 온 사람들이었다.

이에 긴장한 재판장 마나베 판사가 재판봉을 신경질적으로 두드리며 공판 개정을 선언했다.

"에…, 지금으로부터 피고인 안중근, 우덕순, 조도선, 유동하의 대한제국 형법 제119조 위반 피고 사건, 즉 대일본제국 추밀원의장 이토 히로부미 공작 살해 사건 공판의 심리를 시작하겠습니다."

안중근은 그동안 3개월 반의 옥고를 치뤘으나 늠름한 기상이 조금도 흐트러지지 않은 채 의연한 자세로 재판에 임했다.

"당 공판을 진행하기에 앞서 본 재판장은 안중근의 관여 변호인에 관해 잠깐 양해사항을 말씀드리겠습니다. 본 공판에 있어 본 재판부는 당 법원이 선정한 바 있는 미즈노 렌타로오, 가마타 세이치 두 변호인 이외의 변호인, 즉 러시아인 미하일로프, 영국인 에드워드 더글러스, 조선인 안병찬, 변영만 씨 등이 제출한 변호계는 수리할 수 없음을 알려 드립니다. 이것은 본국 정부의 방침에 의한 것이며, 당 법원의 의사가 아니므로 오해 없으시기를 바랍니다. 에, 그러면…."

"재판장!"

이 때 방청석의 안병찬이 큰 소리로 재판장을 불렀다.

이 날의 재판은 서두부터 서울에서 달려온 안병찬 변호사의 고함

소리로부터 시작되었다. 뿐만 아니라 미하일로프와 더글러스 등도 이의를 제기했다. 그러자 재판정이 크게 동요했다.

"재판장!"

"이의가 있으면 간단히 말하시오!"

"이런 불공평한 재판은 무효임을 신청하는 바입니다!"

"뭐라구요?"

"재판장! 본 변호인 등이 제출한 바 있는 변호계를 수리하지 않는 것은 그런대로 이유가 있다고 합시다. 그러나 당 법정은 지금 피고인에 대한 적용법률 자체를 왜곡하고 있음을 지적하지 않을 수 없습니다.

피고인 안중근은 조선인이며, 사건 발생지는 청국 영토인 하얼빈입니다. 그리고 현장에서 피고인을 체포한 것은 러시아 관헌이고 조사를 한 것도 러시아 관헌입니다. 그런데 어째서 범인과 조서가 일본제국 재판부에 인도되었는지 심히 의심스럽습니다. 따라서 본 공판은 무엇보다도 먼저 이 사건의 재판권이 어느 나라에 속해 있는지를 규명해야 할 줄 압니다. 사건 발생지가 동청철도 구역 안이므로 러청조약의 관례상 러시아가 재판을 하는 것이 마땅합니다. 그럼에도 불구하고 여순 관동도독부 지방법원으로 본 사건을 넘겨 심리케 한 것은

▲ 안 의사가 공판 받던 당시의 관동도독부 지방법원 재판관석

전 세계가 비난할만한 불법적인 처사라고 생각합니다."

"안병찬 씨, 당신은 5년 전인 명치 37년(광무 8년)의 '제1차 일한협약'과 명치 38년(광무 9년)의 '제2차 일한협약'의 내용을 전혀 모르고 있는 것 같소!"

"알고 있습니다! 그러나 조선이 을사늑약으로 인해 소위 일본의 보호국이 되어 있다하더라도 그 보호권은 어디까지나 국교상의 위임이지 사법권의 위임은 아니라고 봅니다. 따라서 여기에서 본 공판을 강행한다는 것은 일본제국이 조선의 사법권마저 유린하고 침탈하는 결과가 되는 것입니다!"

"퇴장!"

재판장 마나베는 이렇게 소리치며 안병찬의 발언을 중단시켰다.

"안병찬씨의 발언은 신성한 본 법정을 모욕하는 것으로 간주하고 강제퇴장 내지는 응분의 조치를 취할 수밖에 없소!"

"좋습니다. 법의 존엄에 따라 재판장의 명령에 따르겠습니다. 그러나 본인은 일본제국이 지금 본 사건을 정치적으로 이용하고 본 공판은 이미 일본 제국이 안중근에게 사형언도를 내리기 위해 형식적인 요식행위만을 갖추고 있다는 사실을 이곳 방청석에 있는 각국 신문기자들에게 고발하는 바입니다!"

"퇴장하시오!"

안병찬이 퇴장을 당하고 잠시 후,

피고석의 안중근이 심문대로 불려나갔다.

간수들이 안중근의 손에 채워졌던 수갑을 풀어주자 재판장은 인정신문(人定訊問)부터 시작했다. 재판장 앞에 쌓여 있는 그동안 작성한 조서의 높이가 자그만치 두 자 다섯 치 (약 75cm)나 되었다. 그것은 일제가 안중근의 사건을 전격적으로 해치우려 하면서도 이 사건의 비중이 얼마나 큰가를 짐작하게 하고도 남음이 있었다.

"피고인의 이름은?"

"안중근이다!"

안중근이 반말로 대답하자 마나베 재판장의 얼굴이 붉게 상기되었다.

"피고는 재판정의 신성함을 모르는가? 경어를 써라!"

"반말이 듣기 싫거든 묻지를 마라!"

순간, 재판장 마나베는 할말을 잃고 당황한 채 안중근의 인정신문을 끝냈다. 그리고는 곧바로 사건신문으로 들어갔다. 장내는 기침소리 하나 들리지 않았다.

"피고가 지난 해 10월 26일 하얼빈 역 구내에서 이토 공작을 살해한 것이 사실인가?"

"총을 쏜 것은 사실이지만 살해라는 말은 당치 않다!"

"그건 무슨 말이냐?"

"나는 대한의군 참모중장이며, 만주원정 사령관으로서 전투 중에 적을 사살했을 뿐이다."

"변호인!"

안중근의 거침없는 답변에 아연한 재판장 마나베가 어떻게 된 것이냐는 듯 관선 변호인 가마타를 쳐다 보았다. 그러자 그동안 안중근을 여러 차례 면담한 바 있는 가마타가 변호인석에서 벌떡 일어섰다.

▲ 1920년 2월, 여순 지방법원에서 재판을 받는 안 의사와 우덕순, 조도선, 유동하.

"본 변호인은 지금 피고인 안중근이 참모중장이니 만주원정 사령관이니 하는 것은 심리적 자포자기에 빠져 일종의 과대망상증을 일으키고 있다고 사료하는 바입니다."

소위 변호인이라는 자의 이와 같은 발언에 재판정에 있던 방청객들이 웅성거리기 시작했다. 이 때 안중근이 가마타를 준절히 꾸짖었다.

"재판장! 나는 저 따위 변호인이 있는 자리에서는 재판을 받을 수가 없다!"

"음, 그러면 피고는 현재의 공판을 기피한다는 말인가?"

"물론이다!"

"음…."

"나는 대한의군 참모중장으로서 독립전쟁을 했고, 전쟁의 목적으로 적장인 이등박문을 사살했을 뿐이다. 우리 나라의 자주성과 독립을 빼앗은 것은 이등박문이 꾸민 간악한 농간이므로, 거듭 말하거니와 나는 대한의군 참모중장의 자격으로 하얼빈에 출병되어 적을 죽인 것이다. 그러므로 나를 전쟁 포로로 대우해 주지 않고 일반 살인 피고인으로 취급하여 신문하는 것은 큰 잘못이다!"

안중근의 말은 조금도 거침이 없었고 또한 도도하였다. 당황한 것은 오히려 재판장이었다. 그는 안중근의 의연한 태도와 당당한 모습에 감히 그의 말을 함부로 막지 못했다.

"피고는 이토 공작을 사살하고 그 자리에서 자결할 생각은 없었는가?"

그러자 안중근은 코웃음을 쳤다.

"흥! 당신은 전쟁터에서 적을 사살했다고 해서 스스로 죽는 군인을 본 적이 있는가?"

"묻는 말에만 대답을 해라!"

"분명히 말해두겠다. 나의 발언을 봉쇄하려거든 재판없이 나를 처형해라!"

안중근은 애초부터 죽음 같은 것에는 초연한 듯 재판장 마나베에게 시종일관 당당했다. 그는 죽음조차 극기하는 이지적인 힘으로 자기에게 죽음을 선고할 재판장 마나베 따위는 애초부터 초개와 같이 여겼던 것이다.

마나베는 등골에 땀이 흥건히 배었다. 적어도 이토 공작을 사살하고 이처럼 당당한 이 거한(巨漢)을 앞에 두고 도대체 어떻게 해야만 자신은 물론이고 본 법정과 일본제국의 위신이 손상되지 않을 것인가를 생각하기에 바빴다.

"피고가 하고자 하는 말은 도대체 무엇인가?"

"대한제국의 독립과 동방대국의 평화를 위해 이등박문 하나를 죽이고 내가 죽을 수는 없는 일이다. 다만 사세가 부득이하여 내가 너희에게 붙잡혔다만, 애당초 내게 그만한 병력과 군함이 있었더라면 아마 이등박문을 대마도(對馬島)연해로 출병하게 하여 그가 탄 배를 그 곳에서 격침시켰을 것이다."

"음…, 피고가 그렇게 원대한 생각을 가졌다면 그 자리에서 붙들리지 않고 도주할 수도 있었을 텐데, 전혀 그런 행동을 보이지 않고 순순히 체포를 당했는데 그 이유는 무엇인가?"

"나는 한 편으로는 붙들리기를 원했기 때문이다."

"어째서?"

"내가 도주하다가 사살당하면 이등박문을 죽인 정당한 이유를 성언(聲言)할 수 없기 때문이다. 그래서 나는 비록 이와 같은 법정에서나마 일제의 침략상을 세계 만방에 알리기 위해 너희들에게 이렇게 수모를 당하면서도 지금 너희들의 재판을 받고 있는 것이다!"

"그렇다면 피고는 자신의 죽음에 대해서는 전혀 생각을 하지 않고 있단 말이냐?"

"내가 죽고 사는 것은 개의치 않는다. 그러나 스스로 죽겠다는 생각은 없었으며, 지금도 없다. 그것은 조선의 독립과 동양평화를 위해서 이등박문 하나만 죽이고 내가 죽기는 아직 이르다고 생각했다. 나는 이토를 사살한 후 일본의 재판정이 아닌 러시아나 청국 재판정에서 일제의 침략상을 만국에 알리고 싶었다. 그러나 결국 이렇게 죽어야 한다면 나는 기꺼이 죽겠지만 내가 죽은 후, 수백 수천의 또 다른 안중근과 우덕순, 조도선, 유동하가 나의 뒤를 이어 수없이 많이 나올 것이다!"

안중근에 대한 재판은 2월 7일부터 14일까지 단 하루도 쉬지 않고 계속 강행되었다.

마나베 재판장은 안중근의 정치적인 발언을 봉쇄하기 위해 그 다음 날부터는 사건의 경위와 공범 관계에 대한 신문으로 일관하였다. 그러나 안중근이 6회에 걸친 심리공판에서 기회가 있을 때마다 법정진술을 웅변을 하듯 거침없이 퍼붓는 데는 어찌 할 방법이 없었다.

안중근은 재판장으로부터 무엇이건 질문을 받기만 하면 답변이라기보다는 자기의 품은 뜻을 숨김없이 발표하는 도도한 연설을 했다.

이렇듯 안중근의 법정진술은 그들의 심장을 꿰뚫는 듯한 천하의 웅변이었다.

나의 염원은 조국의 독립뿐

관선 변호인 미즈노는 그나마 일본의 양식이 있는 지식인이었다.
 공판 3일째 되는 날, 미즈노는 변론 도중에 재판장에게 안중근으로 하여금 이등박문을 살해한 이유를 자세히 진술할 수 있도록 재판장에게 요청했다. 이것이 받아들여짐으로써 그 유명한 안중근의 법정진술이 시작되었다. 안중근의 법정진술은 너무도 막힘이 없고 논리정연한 한편의 웅변이었기에 마나베 재판장까지도 속으로 감탄하며 묵묵히 듣고 있었다.

"나는 조선의 독립을 회복하고 동양평화를 유지하기 위해서는 제일 먼저 민족의 큰 적이며 만고의 역적인 이등박문을 없애야 한다고 확신했다. 또한 나라가 욕을 당하면 백성은 죽어야 하는 것이 너무도 당연한 일로써, 죽어도 아무 한이 될 것이 없다고 결심을 하고 이 한 몸 제물로 바칠 각오로 해외에 나와 의병활동을 한지 이미 오래되었다.

▲ 안 의사가 1910년 3월 26일 순국하기까지 5개월 간 옥고를 치뤘던 여순 일아 감옥지구 (구 여순감옥).

▲ 안 의사의 특별감방 (점선 부분)

  나는 3년간 북간도 일대에서 의병을 모집하여 일본군과 수도 없이 많이 싸웠다. 그리고 이번의 의거는 대한의군 참모중장의 자격으로 하얼빈에서 적장 이등박문을 쳐서 그 흰 머리를 아군에 바치려고 한 것이었지 결코 개인의 자격으로 취한 행동이 아니었다. 대한의군 참모중장이 적과 싸우다가 불행히 포로가 되었는데, 여기서 나를 형사피고인으로 다루는 것은 말도 안되는 부당한 처사다. 마땅히 만국공법에 의해서 처리하도록 하라. 내가 이렇게 일본이라는 나라를 원수로 인정하고 스스로 독립전쟁을 하게 된 원인은 모두 일본의 위정자들이 취한 기만정책에서 기인된 것이다.

  자, 보라! 러일전쟁 당시만 하더라도 일본은 그 전쟁의 목적이 조선의 독립을 지켜 주고 동양평화를 유지함에 있다고 말하였다. 그래서 우리 조선백성들은 크게 감격하여 수천 리 먼 길까지 군량과 병기를 나르고 도로와 교량을 손질하는데 조금도 힘을 아끼지 않았다.

1904년 러일 강화조약이 이루어져 일본군이 개선할 때도 우리는 두 손을 들어 일본의 승리를 축하하였던 것이다. 그것은 오로지 이로 인해 우리 나라의 독립이 더욱 공고해지리라고 믿었기 때문이었다.

그러나 천만 뜻밖에도 그 이듬 해인 1905년 11월, 이등박문이 특명대사로 우리나라에 와서 일진회의 우두머리 몇 사람을 돈으로 매수하여, 조선은 일본의 보호를 받아야 한다는 이른바 '선언흉서(宣言凶書)'를 발표하게 하였다.

그 뿐만 아니라 일본은 무력으로 우리나라 황실과 정부를 위협하여 이른바 '을사늑약'을 체결하였는데, 우리 황제 폐하는 허락하지 않으셨고 참정대신도 조인을 하지 않았다. 다만 세칭 을사5적, 즉 5명의 매국대신만이 도장을 찍었을 뿐이다.

이렇듯 아무런 효력이 없는 조약을 만장일치로 성립되었다고 주장하고, 당당한 우리 대한 제국의 국권을 박탈하여, 4천 년의 문화국가와 2천 만 조선백성을 일시에 죽게 만들었으니 어찌 절치부심(切齒腐心)하지 않겠느냐?

이 때부터 전 국민은 눈물을 머금은 채 일제히 항일을 부르짖게 되었으니, 뜻있는 인사들은 시사(時事)를 통론(痛論)하며 혹은 상소를 올리고 혹은 백서(白書)를 발표하다가 그 분하고 억울함을 풀 길이 없어 어떤 사람은 배를 갈라 죽고, 어떤 사람은 독약을 마시고 죽고, 어떤 사람은 단식을 하여 죽고, 어떤 사람은 갇혀서 죽는 등 순절한 사람이 수십 수백명이 넘었으며, 사방에서 벌 떼처럼 의병이 일어나

왜군과 싸우다가 죽은 자 또한 그 수를 헤아릴 수 없을 만큼 많다.

그런데 또 무엇이 부족하였는지 일본은 1907년에 '정미7협약'을 강제로 체결하고, 태황제 폐하를 폐위시킨 채 우리 군대를 해산시킨 후 우리의 사법권과 외교권을 빼앗고, 그 뿐만 아니라 나라 안의 이권을 모조리 빼앗았다.

이로 인해 우리 대한 국민은 상하를 막론하고 그 원통하고 분함이 뼈에 사무쳐 이를 갈고 있었으니, 이것은 실로 우리 조선의 불행일 뿐만 아니라 동양 전역에 어두운 그림자를 드리우는 것이 되었다.

이등박문의 죄악이 이처럼 뚜렷한데 일제는 오히려 그 교활한 수단으로 대한 국민이 일본의 보호정책을 즐겨 따르는 것처럼 거짓 선전을 하여 세계를 기만하였다. 이에 뜻있는 사람들은 조선 백성들의 참된 소원이 무엇인지를 세계 만방에 호소하기 위해 해외로 나아갔다.

나는 일찍이 이등박문이 장차 우리 나라를 해칠 자임을 알고, 맨 먼저 그를 없애버려야 조선의 독립을 회복하고 동양평화를 유지할 수 있을 것이라 확신했다.

그래서 이 일을 결행하기 위해 3년 전에 우리 나라를 떠나 해삼위로 갔다. 작년 봄에 엔치야 부근의 한 작은 마을에서 동지 김기열, 백낙길, 박근식, 김태련, 안계린, 이주천, 황화병, 장두찬, 유파홍 등 12명이 모여서 (12인 단지동맹자의 이름과 장소가 다른 것은 안중근이 그들의 안전을 위해 가명을 쓴 것임) 어떤 어려움이 있더라도 그것을 이기고 대한독립과 동양평화를 위해 목숨 바쳐 싸울 것을 하나님께

맹세하고 일제히 왼손 무명지를 끊어 결의를 맺은 후, 그 선혈로 태극기에 대한독립(大韓獨立) 네 글자를 크게 쓰고 그 취지문을 혈서한 바 있었다.

만일 이번에 이등박문이 만주에 조금 늦게 왔다면 우리 독립군을 하얼빈에 출병시켰을 것이고, 또 좀더 시일이 늦었더라면 군함을 마련하여 대마도 부근에서 이등박문이 탄 배를 요격이라도 할 계획이었다. 그러나 이등박문의 만주 방문이 예상 외로 빨랐기 때문에 부득이 몇 명의 동지와 함께 결행하게 된 것이다.

다시 한 번 분명히 말하지만, 내가 하얼빈에서 이등박문을 사살한 것은 그가 조선의 자주 독립을 빼앗았기 때문이니, 이것은 대한독립 전쟁의 일환이다. 지금 나와 우리 동지들이 일본 법정에 서서 일본의 재판을 받는 것은 전쟁에 패하여 포로가 되었기 때문이며, 내지(內地:한반도)의 의병들이 일본군과 충돌하는 것도 역시 독립전쟁의 일부분이다.

나는 반만 년의 우리 조국과 2천 만 우리 동포를 위해 동방대국의 평화를 교란하는 간악한 적을 죽였으니, 나의 목적은 이와 같이 바르고 크다. 나는 국민된 의무로 내 몸을 죽여 어진 일을 이루려고 했을 뿐이다.

내 이미 죽음을 각오하고 결행한 일이니 아무 한이 없다. 나의 염원은 오직 조국 대한의 독립뿐이다!"

수백 명의 방청객들은 탄식을 하며 안중근의 법정진술을 경청하였다. 그리고 기자들은 이를 메모하기에 정신이 없었다. 재판장 마나베도 안중근의 웅변과도 같은 법정진술에 도취한 듯 묵묵히 듣고 있다가 여기에 이르러서야 비로소 정신을 차린 듯 안중근에게 주의를 주었다.

"피고는 질문에 대한 답변만 하도록 주의하라. 그렇지 않으면 진술을 허락할 수 없다."

그러자 안중근은 재판장 마나베에게 큰소리로 꾸짖듯이 항변했다.

"이등박문의 악랄한 정책을 어떠한 방법으로든 세계에 알려야 된다고 생각하고 있는 내가 어찌 그의 행위와 나의 목적을 설명하지 않을 수 있겠느냐!"

안중근은 다시 이등박문의 죄목을 15개 항목으로 나누어 조목조목 열거하려고 하자 재판장 마나베는 잠시 안중근의 항변을 중단시켰다.

"본 재판부는 피고인의 진술이 다분히 공안을 방해할 염려가 있다고 판단합니다. 따라서 피고인의 다음 진술부터는 비공개리에 청취할 것이므로 모든 방청인은 퇴장해 줄 것을 선언합니다."

재판장 마나베는 방청객의 퇴장을 명하기보다는 간단히 안중근의 진술을 중지하도록 명할 수가 있었고, 또한 그러한 조치를 취하는 것은 어렵지 않았다. 그러나 마나베 재판장은 모든 방청객을 퇴장시킨 후에 안중근의 항변을 계속 들었다.

재판장 마나베가 비공개리에나마 안중근의 항변을 계속 할 수 있도록 한 것은 그도 내심으로는 안중근의 법정진술을 듣고 크게 감복한 것이다. 그리고 또한 그의 명경지수(明鏡止水)와 같은 나머지 열변을 그대로 묵살해 버리기가 아까웠기 때문이었다.

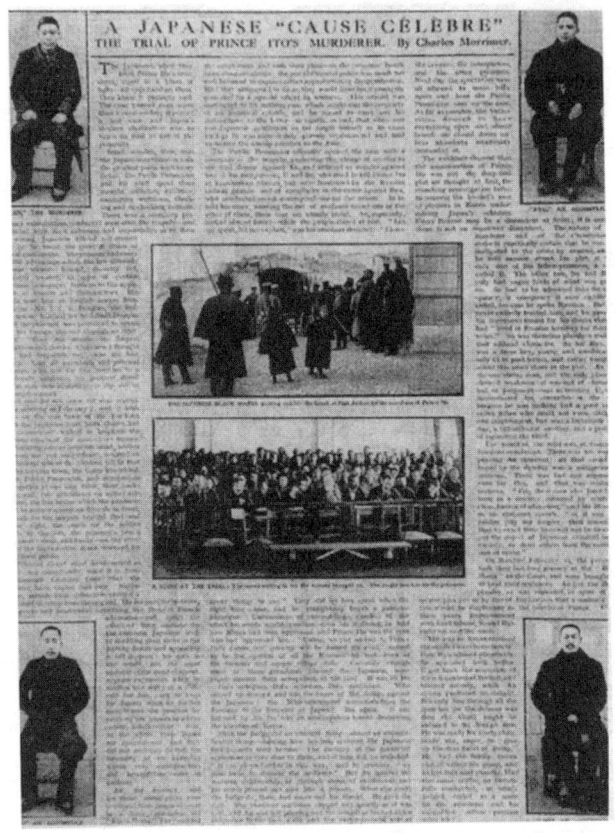
▲ 안중근 의사의 재판 장면을 그대로 담은 영국의 〈더 그래픽〉 신문. 1910년 4월 16일자 (사진 왼쪽 위가 안중근 의사임).

이렇게 해서 안중근은 비공개로나마 이등박문의 죄목을 다음의 15개 항목으로 나누어 논변하여 일제의 재판기록에 남길 수 있었다.

1. 명성황후를 시해한 일.
2. 광무 9년 11월에 보호조약 5개조를 체결한 일.
3. 융희 원년 7월에 한일 협약 7개조를 체결한 일.
4. 태황제를 폐한 일.
5. 육군을 해산한 일.
6. 양민을 살육한 일.
7. 이권을 약탈한 일.
8. 교과서를 불태워 없앤 일.
9. 신문 구독을 금지한 일.
10. 은행권 일본 화폐를 발행한 일.
11. 3백만 원의 국채를 모집한 일.
12. 동양평화를 교란한 일.
13. 보호정책이 허울 좋은 구실에 지나지 않는 일.
14. 이등박문은 우리나라에 대해서만 원수가 아니라, 일본에게도 대역 죄인으로서 효명천왕(孝明天王)을 시해한 일.
15. 일본 및 세계를 기만한 일.

안중근이 이상의 15개 항목을 들어 막힘없이 논변하자, 재판장 마나베와 검찰관 미조후치, 변호인 미즈노 등은 숨을 죽이고 묵묵히 경청했다.

그들은 안중근을 사격의 명수이며 그저 단순한 수구적 애국자라고만 생각했었다. 그러나 그의 탁월한 인품과 웅변술은 차치하고라도 정치, 경제, 역사 및 시국관에 대한 안중근의 논리정연하고 깊은 식견은 그들로 하여금 저절로 존경심이 일게 했다.

2월 12일은 6회 구형 공판날이었다.

관선 변호인 미즈노는 안중근을 다음과 같이 변호했다.

"피고 안중근은 재판장에서 답변하는 태도로 보아 매우 학식이 있는 사람이라고 보아도 옳을 것이며, 신분도 미천하지 않고 또한 품성도 결코 악하지 않다는 것을 쉽게 짐작할 수 있다고 봅니다."

이는 그들로서는 안중근의 조국애와 인간성을 최대한으로 평가하여 변론한 말이었다.

또 검찰관 미조후치도 이날 구형 논고에서 안중근을 강인하고 의지가 굳은 인물이라고 평했다.

"본 사건의 주모자인 안중근은 조선인 가운데서도 특히 훌륭한 인격을 가진 인물이다. 그는 상당한 재산의 소유자로 중류 이상의 생활을 하고 있었으며, 또한 그 지방의 명문 집안 출신의 천주교 신자로서 매우 강인하고 의지가 굳으며 정치사상이 투철한 인물이다."

그러나 미조후치 검사는 다음과 같은 논고로 안중근에게 사형을 구형한 장본인이기도 했다.

"본 건 범죄 사실은 일국의 원로대신이 살해된 것인 만큼 그 죄상의 흉악함이 극에 달하여 형량을 정하되 그 극에 의함이 마땅하다고 사료되므로, 제1피고인 안중근에 대해서는 사형, 제2피고인 우덕순에 대해서는 징역 3년, 제3피고인 조도선 및 제4피고인 유동하에 대해서는 각각 징역 2년을 구형한다."

죽어도 여한이 없다

2월 14일, 안중근에 대한 언도 공판이 열렸다. 10시 반에 개정된 안중근의 6회 공판에서 재판장 마나베는 판결 주문(判決主文)을 다음과 같이 낭독했다.

평안남도 진남포 안중근, 일명 안응칠, 32세.
경성 동대문 내 양사동 우덕순, 일명 우연준, 31세.
함경남도 홍원군 경포면 조도선, 32세.
함경남도 원산 유동하, 일명 유강로, 20세.

위 네명의 살인 사건 피고인에 대하여 본직은 심리를 마치고 다음과 같이 판결한다.
주문(主文).
피고 안중근이 이토 공작을 살해한 행위는 제국형법 제199조에 해

당하므로 사형에 처하고, 제국형법 제46조 제1항 조문에 해당하는 가와카미, 모리, 다나카 3인에 대한 실인미수죄는 그 형을 가하지 아니한다. 그리고 피고 우덕순, 조도선, 유동하는 모두 안중근의 이토 공작 살해 행위를 방조하였으므로 제국형법 제62조 1항에 의하여 피고 우덕순은 징역 3년에 처하고, 피고 조도선, 피고 유동하는 최단기인 징역 1년 6월에 처한다.

재판장은 주문에 이어 이유를 낭독했다. 이유는 즉 이러한 이유로 판결하였다는 것으로서, 안중근의 범행경위를 장황하게 열거하고 있었다. 재판장 마나베는 다음과 같이 말하고 재판봉을 두드렸다.

"이상의 이유로써 주문과 같이 판결한다. 명치 43년 2월 14일, 관동도독부 여순 지방법원 판관 마나베 쥬우조오, 서기 와타나베 료오이치."

영국인 배설(裵說)이 서울에서 발행하는 대한매일신보(大韓每日申報)는 이 날의 공판 결과를 다음과 같이 보도하고 있었다.

『2월 14일은 안중근에게 판결 언도를 내리는 날이었다.
　망국의 한을 품고 대한독립 네 글자로 목숨을 바쳐 의거를 결행하여 애국우세(愛國憂世)의 인물로 세계에 알려진 이 범인의 판결이 어찌될까 하여 법정은 개정 전부터 방청객으로 입추의 여지가 없이 들어찼다.
　방청객 가운데는 조선인 변호사 안병찬, 러시아 법학자 야브친스키 부처와 변호사 미하일로프, 러시아 영사관 직원들, 그리고 안중근의 아우 정근, 공근과 사촌 아우 명근 등이 참석했다.
　오전 10시 반에 개정되어 재판장이 검찰관, 서기, 통역들과 함께 입장하자 법정에 가득한 수백 명의 시선이 일제히 재판장에게로 집중되고 신문기자들은 펜을 들었다.
　이윽고 재판장이 네 사람의 피고에 대한 판결 주문을 읽었다. 안중근은 사형, 우덕순은 3년, 조도선과 유동하는 각각 1년 6개월의 형이 언도되었다.

재판장이 다시 말을 계속하여, 만일 이 판결에 대해 불복의 의사가 있으면 5일 이내에 상고하라고 했다.

안중근은 사형 선고를 받고도 얼굴빛 하나 변하지 않은 채

"나는 이렇게 될 것을 안 지 이미 오래다. 내 구차스럽게 살기를 원치 않으니 상고를 포기한다. 그런데 이보다 더 극심한 형은 없느냐?"

하고 재판장의 만행을 비웃으며 즉석에서 상고를 포기했다.

이렇게 비웃듯이 말한 안중근은 5일이 지나도록 상고를 제기하지 않음으로써 형이 확정되었다.』

안중근의 사형 집행일은 오는 3월 10일로 결정이 났다. 안중근이 상고를 포기한 것은 상고를 하면 그때까지는 사형이 집행되지 못할 것이지만, 그것은 옥중의 목숨이나마 하루라도 더 연장시켜 보자는 구차한 의미로 생각되었기 때문이었다.

그러나 안중근이 상고를 하지 않은 결정적인 이유는 사형 선고 소식을 전해 들은 어머니 조 마리아가 안중근에게 보낸 편지 때문이었다. 그 내용은 다음과 같다.

『응칠아! 네가 이번에 한 일은 우리 동포 모두의 분노를 세계 만방에 보여 준 것이다. 이 분노의 불길을 계속 타오르게 하려면 억울하더라도 상고를 하지 말고 우리 민족의 대의를 위해 거룩한 죽음을 택해야 될 줄로 안다.

옳은 일을 한 사람이 그른 사람들에게 재판을 다시 해 달라고 하는 것은 사리에 맞지 않는다.

더욱이 그들의 영웅으로 대접을 받고 있는 이등박문을 죽인 너를 일본 놈들이 살려 줄 리가 있느냐? 혹시 자식으로서 늙은 어미보다 먼저 죽는 것이 불효라고 생각해서 상고하겠다면 그건 결코 효도가 아니다. 기왕에 큰 뜻을 품고 죽기로 하였으니 구차히 상고를 하여 살려고 몸부림치는 모습을 남기지 않기 바란다.』

▲ 대림사 전경. 대림사 주지 사이토와 한국의 박삼중(朴三中)스님이 대림사 성역화 운동을 추진하고 있다.

▲ 지바 도시치 부부

이 글을 본 일본인들은 감탄을 금치 못하였다.

얼마나 놀랐으면 '시모시자(是母是子:그 어머니에 그 아들)'라고 하여 자기네 신문에 대서특필하였겠는가?

이렇듯 조 마리아가 아들 안중근에게 보낸 편지는 분명히 대의명분이 뚜렷한 내용이었다.

그러나 어머니가 염려한 것은 일본 정부의 끈질긴 회유에 안중근이 큰일을 그르치진 않을까 하는, 혈육의 정을 뛰어넘은 높은 차원의 애국충정의 발로였다.

이러한 내용은 당시 여순 감옥의 간수헌병이었던 지바 도시치가 편지 내용에 감동되어 자신의 일기장에 기록해 두었던 것이 후일 확인되어 항일투쟁사의 소중하고 값진 기록이 되었다.

▲ 대림사 경내에 세워진 안 의사 유묵 기념비. 위국헌신군인본분(爲國獻身軍人本分)이 선명하게 각인되어 있다.

안중근과 지바 도시치, 그리고 대림사(大林寺)의 사연은 후일 한일 양국 국민간에 한편의 아름다운 미담으로 전해졌다.

안중근은 사형 집행 직전에 지바에게 '위국헌신군인본분'(爲國獻身軍人本分)이라는 휘호를 생애 마지막으로 써 주었다.

10년 후 고향에 돌아온 지바는 안중근의 유묵과 묵서를 불단에 모시고 매일 고인의 명복을 빌어 오다가 50세에 병사하였다.

안중근과 지바의 감동적인 사연이 전해지자 지바의 고향인 와카야나기 마을 주민들은 인근에 있는 대림사 경내에 안중근의 유묵 '위국헌신군인본분'(爲國獻身軍人本分)을 각인한 기념비를 세우고 법당에 제단을 차려 '안중근 의사 기념비 보존회'를 1981년에 설립하였다.

이제 와카야나기 마을 일대에서는 '대한제국 안중근 의사'를 모르는 사람이 거의 없고, 특히 안중근의 의거일이며 일본인에게는 이토의 순국일인 매년 10월 26일을 전후해서 군내의 초.중·고등학생들이 단체로 대림사를 찾는다는 사실이 무엇보다도 중요한 의미가 있다.

안중근은 사형 언도를 받은 이후 한결 마음이 안정되고 심신도 편안하였다.

사형 집행일에 그의 체중은 처음 수감될 때보다 10kg 이상이나 늘어 있었다. 5개월 동안의 체중이 12kg이나 늘어났던 것이다.

안중근은 무슨 고통을 겪든지 조금도 괴로워하지 않고 오히려 마음이 편한 기색이었다.

여순 감옥의 전옥(典獄) 쿠리하라는 안중근을 마음 속 깊이 존경하였다. 안중근의 나이는 비록 32세에 불과하였으나, 그를 대하는 사람은 누구나 그의 고매한 인격과 폭넓은 식견에 감복하였다.

쿠리하라는 특별히 조선어를 잘 하는 일본인 간수를 배치하여 안중근의 시중을 들게 하였고 여러 가지로 호의를 보이려고 애썼다. 그것은 기왕 사형시킬 안중근의 마음을 잠시나마 편하게 하여 자기들의 입장을 유리하게 하려는 일본 정부의 지시에 따른 것이기도 하였지만, 쿠리하라는 스스로 진심에서 우러나는 마음으로 그렇게 하였다.

구형 공판 전 날까지도 그들은 안중근에게 이렇게 말했다.

"안 선생이 이토 공작을 저격한 것은 이토 공작의 정책을 오해했기 때문이라고 한 마디만 말씀하십시오. 공판정에서 그렇게 한 마디만 하시면 선생은 틀림없이 사형을 면할 것입니다. 그리고 몇 년 복역하면 언제인가는 특별사면으로 석방이 될 것입니다."

물론 그것은 터무니없는 소리였다. 그러나 일본 정부는 들끓는 세계 여론을 잠재우기 위해서는 안중근의 그 말이 꼭 필요했다. 그것을 아는 안중근은 그 때마다 정색을 하고 그들을 꾸짖었다.

"내가 이등박문을 죽인 것은 실로 세 가지 큰 목적이 있었거늘, 어찌 그의 정책을 오해하였다고 하겠는가!"

"세 가지 큰 목적이란 무엇입니까?"

"첫째로는 나라의 원수를 갚고, 둘째로는 동양평화를 위하며, 셋째로는 그대의 나라 일본에게도 원수이며 만고역신이기에 그 자를 없애려는 것이었다!"

안중근이 처음 수감되었을 때는 모진 고문과 학대를 받았다. 그러나 그가 강직하고 의로운 남아임을 알게 된 후, 그에 대한 대접이 점차 달라지면서부터는 매일같이 책을 읽고 글을 쓸 수 있었다.

특히 그는 천부적인 명필이었던 만큼 옥중에서 아무 하는 일 없이 있게 되자 서예에 심취했다.

어느 날 그가 종이와 붓을 가져오게 하여, 하루라도 글을 읽지 않으면 입에 가시가 돋는다는 뜻으로 다음과 같이 썼다.

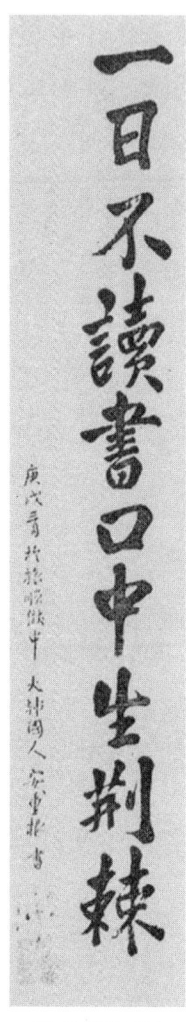 

▲ 안 의사의 유묵.   ▲ 안 의사의 유묵.

一日不讀書 口中生荊棘
(일일부독서 구중생형극)

당시 일본인들은 명필의 글씨를 받아다가 가보로 소장하는 습관이 생활화되어 있었다.

일본은 본래 문화가 아주 빈약한 나라였다. 옛날에 조선 초엽, 우리나라에서 정몽주와 신숙주 같은 사람들이 사신으로 건너갔을 때는 일본천지 가는 곳마다 글을 짓고 글씨를 써 주는 일로 몇 달이고 극진한 대우를 받았다고 하는데, 그러한 문화 부족의 걸식 경향이 발전하여 수집벽이 되었던 것이다.

여순 감옥의 일본인들은 안중근의 글씨를 보자 눈이 휘둥그레졌다.

이토를 죽인 거한의 명필…. 그들은 안중근으로부터 글씨를 써 받기 위해 혈안이 되었다. 처음에는 옥리들이 너도나도 하나씩 써달라고 부탁을 했다.

안중근은 그 때마다 거절하지 않고 한 폭씩 써 주었다.

글씨란 곧 서도(書道)이다. 단 한 획을 긋는 데도 전신의 힘이 들어가고 점 하나를 찍는 데도 정신이 한 곳으로 모아져야 한다. 따라서 글씨를 쓸 때는 새벽에 일찍 일어나 정좌하고 심신을 하나로 모은 다음 써내려가는 것이 가장 좋은 것이다.

안중근은 언제 어디서나 그러한 상태로 정신이 집중되어 있었는지 마음만 내키면 붓을 들고 즉석에서 글씨를 써 주었다.

안중근의 명필이 소문나자, 법원의 직원도 찾아와서 부탁을 하였고 검찰부의 취조관도 부탁을 했다.

이렇게 해서 안중근이 5개월 동안 옥중에서 써 준 휘호는 2백여 폭이나 되었다. 그러니까 하루에 한 폭하고도 3분의 1폭을 써 준 셈이었다.

안중근이 비록 자기네들이 천황 다음으로 존경하는 이토를 죽인 사람이기는 하였으나, 그들은 안중근의 고매한 인격과 탁월한 사상에 감복되어 너도나도 글씨를 받아갔다.

그 때 그들은 안중근으로부터 받은 글씨를 가보로 고이 간직했다가 36년이 지난 후인 8.15해방 때 우리나라에 돌려줌으로써, 오늘 날까지 우리 나라에 전해지는 것만도 15폭이나 된다.

안중근이 옥중에서 쓴 글 중 가장 잘 알려진 것은 지금 기독교박물관에 소장되어 있는 '第一江山'(제일강산) 이라는 글이다.

이것은 안중근이 사형 언도를 받은 후에 쓴 글씨로써 그의 조국애와 충절이 그대로 나타나 있어서 보는 이의 가슴을 울리게 하는 명필이었다.

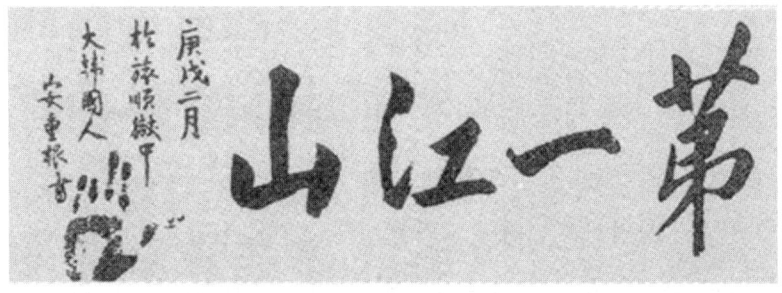

▲ 안 의사의 유묵. (제일강산)

가로로 쓴 이 넉 자의 글씨에 작은 글씨로 '경술 2월 여순 감옥 중 대조선인 안중근 서'라 쓰고, 그 밑에 다섯 손가락을 편 손바닥의 장문(掌紋)을 찍었다.

안 의사의 유묵은 모두 낙관 대신 먹물로 찍은 수인(손바닥 지문)이 찍혀 있다.

유묵 중 보물로 지정된 것은 모두 23점이다. 그 중 안중근의 나라 사랑의 마음이 가장 잘 나타나 있는 것은 '國家安危勞心焦思'(국가안위노심초사)와 '爲國獻身軍人本分'(위국헌신군인본분)이다.

그밖에도 그가 써 준 수많은 휘호들은 모두 그의 철학을 나타낸 명언들이자 주옥같은 명시(名詩)였다.

그런데 이처럼 초연히 지내던 안중근은 사형 집행일을 겨우 5일 앞둔 3월 5일에야 한 가지 커다란 착상을 하였다.

그는 「동양평화론」이라는 한편의 논문집을 집필하기로 결심하고 그 날부터 집필에 전념했다.

『하늘이 사람을 내어 온 세상이 모두 다 형제가 되었다. 각각 자유를 지켜 삶을 즐기고 죽음을 싫어하는 것은 누구나 가진 떳떳한 정의이다. 오늘 날 세상 사람들은 으레 문명한 시대라고 일컫지만 나는 홀로 그렇지 못한 것을 탄식하는 바이다.』

이렇게 서두를 전개한 안중근 「동양평화론」은 자신의 사형집행일 이틀 전인 3월 8일에 그 서론을 끝내고 본론으로 들어갔다.

그러나 불과 이틀밖에 남지 않은 짧은 기간에 도저히 이것을 탈고할 가망이 없었다.

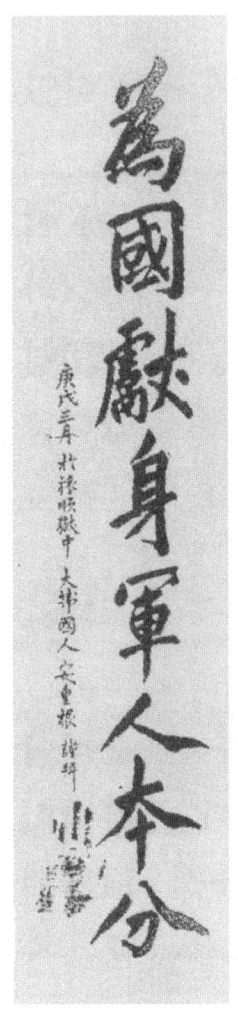 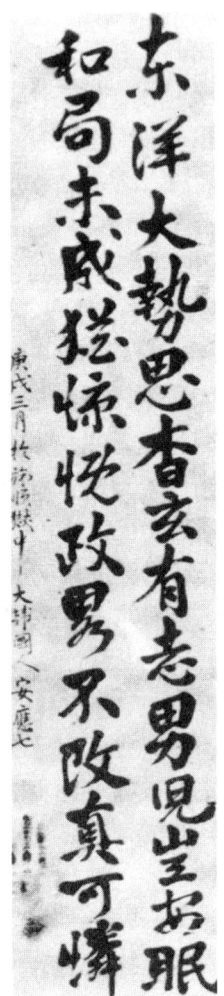

▲ 안 의사의 유묵.　　▲ 안 의사의 유묵.

언도 공판 날 즉석에서 상고를 포기했던 안중근은 「동양평화론」의 탈고를 위해 자신의 사형집행일을 15일 동안만 연기해 줄 것을 청원했다 여순 관동도독부 사법당국은 이 청원을 수리하고 안중근의 사형 집행일을 3월 25일로 연기했다. 당시의 상황으로 이러한 조치는 매우 파격적인 것이었다.

그러나 안중근은 자신의 사형집행일 이틀을 남겨두고 「동양평화론」의 본론만 끝내고 미처 결론을 마무리 짓지 못했다.

3월 24일 그를 방문한 그의 취조관 중의 한 사람인 사카이 경시가 이를 매우 애석하게 여겨 안중근에게 말했다.

"안 선생, 다시 한 번 형 집행을 연기하는 청원서를 내봅시다. 이 논문은 반드시 결론을 맺어 탈고를 해야 합니다."

"내 어찌 구차하게 죽는 것을 자꾸 연기하겠소. 그리고 또 신청한다 하더라도 수리가 되겠소?"

"그것은 우리가 힘써 보겠소이다."

그러나 안중근은 눈을 지그시 감은 채 고개를 가로 저었다.

"한 번 결정된 것을 자꾸 변경하면 이로움보다 해로움이 더 많은 것이오!"

"그러면 간략하게나마 결론을 써 주시오!"

사카이가 간청을 하자 안중근은 잠시 생각에 잠기더니 서슴치 않고 붓을 들었다.

그리고는 단 두 줄의 한시(漢詩)로써 끝을 맺었다.

동양의 대세를 생각하매 아득하고 어둡구나.
뜻있는 사나이가 어찌 편한 잠을 이루리오.
평화로운 시국을 이루지 못하는 것이 이다지도 슬프고 분함이여.
침략정책을 고치지 않음이 진실로 가엾도다.

이는 동양평화의 비결은 일제가 침략 정치를 그쳐야 한다고 비유한 말이었다.

"이제 나는 결론도 완성한 셈이오!"

"하…, 안 선생!"

사카이는 그것을 소중히 받아 가지고 갔다.

3월 24일, 그는 사형을 하루 앞두고 자기의 손가락을 또 하나 잘라서 혈서로 동포에게 보내는 유언을 적었다.

『동포에게 고함! 내가 대한의 독립을 회복하고 동양평화를 유지하기 위해 3년 동안 풍찬노숙(風餐露宿)을 하다가 마침내 그 목적을 이루지 못하고 이곳에서 죽노니, 우리 2천만 형제자매는 각기 스스로 분발하여 학문에 힘쓰고 산업을 진흥시켜 나의 끼친 뜻을 이어 자주독립을 회복하면 죽어도 여한이 없겠노라.』

마지막 유언

"안 선생, 나오시오!"

3월 24일 이른 아침부터 전옥 쿠리하라가 안중근의 감방으로 왔다. 쿠리하라는 안중근보다 훨씬 나이가 많았으나 깍듯이 예우를 해주었다.

"안 선생, 면회실로 나갑시다!"

"사형 집행을 앞두고 면회를…?"

"그렇소!"

면회실에는 그의 아우 정근과 공근이 와 있었다. 면회실에서 기다리던 두 아우가 안중근을 큰소리로 부르며 울음을 터뜨렸다.

"형님…!"

"형님!"

안중근의 두 동생이 울부짖자 면회실에 입회하고 있던 간수가 깜짝 놀라 어쩔 줄을 몰라 했다.

안중근이 동생들을 조용히 타일렀다.

"왜 우느냐? 이 형이 대의(大義)를 위해 죽거늘 집안의 영광으로 생각하지는 못할망정 바보처럼 왜 우느냐?"

"형님…, 으흐…!"

"울지 마라. 울면 면회도 못하고 퇴장을 당한다."

이날, 안중근이 두 동생과 면회를 하는 자리에는 뜻밖에도 미즈노와 가마타 두 관선 변호사도 함께 와 있었다.

"아니, 당신들은 웬일이오?"

"오늘 두 분 아우님들이 마지막으로 면회를 하신다기에 위로 차 같이 왔습니다."

"고맙소!"

안중근은 두 변호사로부터 위로의 말을 대강 듣고 나서 두 아우에게 말했다.

"오늘이 아니면 너희들과 마지막이니 할 말이 있으면 무슨 말이든 다 하여라."

"형님!"

"울음을 그쳐라. 할 말도 많은데 지금 울 시간이 어디 있느냐!"

"형님…, 으흑흑!"

"공근아, 네가 학교에서 받는 월급이 20원이라고 했지? 우리 식구가 모두 네 월급에 매달려 산다니 몹시 힘들겠구나."

"형님…, 흑흑!"

"그쳐라! 무슨 사내 녀석이 그리도 눈물이 많으냐! 내가 너희들에게 꼭 하고 싶은 말이 있다."

"무슨 말이든지 다 말씀하십시오. 형님!"

"늙으신 어머님을 너희들에게 부탁한다. 자식을 나라에 바치는 부모가 어디 어머님 혼자뿐이 아니시니, 자식이 욕됨이 없이 의로써 죽는 것을 다행으로 여기시라고 잘 말씀드려라. 그러나 평소에 나는 부모님께 예를 다하지 못하였고, 효양(孝養)을 게을리 하였으며, 또 이번 거사로 크게 걱정을 끼쳐드려, 불효가 막심하니 어머님께 용서를 빈다고 말씀드려라. 그리고 또 너희 형수에게는 큰 아이 분도를 장차 훌륭한 신부가 되도록 키워 주기 바란다고 전하고…!"

"예, 형님!"

"그리고 정근아, 너는 장차 공업을 해라. 우리 나라는 아직 공업이 발달하지 못했으니 장래에는 발달할 기회가 많을 것이다. 비단 공업뿐만 아니라 조림사업 같은 것도 좋을 것이다. 이는 우리나라를 위해서도 긴요한 것일 뿐 아니라 자기 자신에게도 유익한 일이니 그러한 일에 힘쓰도록 하여라!"

쿠리하라 전옥은 간수들이 자기의 눈치를 보자 안중근을 재촉했다.

"안 선생, 시간이 너무 오래된 것 같소!"

안중근이 아무런 대꾸도 하지 않자 쿠리하라는 안중근에게 더 이상 재촉을 하지 않았다.

"공근아, 너는 재주가 있으니 학문의 길로 정진하도록 해라. 그리고 혹시 해삼위에 갈 기회가 있으면 백규삼 동지의 집을 찾아가거라. 그곳에 단지동맹 때에 자른 내 손가락이 있으니 찾아다 간직하도록

▲ 안 의사는 순국 이틀 전에 두 아우 정근, 공근을 만나「국권이 회복되거든 고국으로 내 뼈를 안장해 다오」라고 당부했다.

하여라!"

안중근은 감회가 새로운 듯 빙긋이 웃으며 문득 지난일을 회상했다.

"지금 생각하면 참 우스운 일이 하나 있었소."

"쿠리하라 전옥도 좀 들어보시오. 지난 해 내가 엔치야에 있다가 해삼위로 갔을 때였소. 우연히 미국 신문을 본 적이 있었는데, 거기에 실린 풍자만화가 아주 걸작이었소.

그 그림은 말이오. 웬 조선인 여인이 한사람 서 있고, 그 옆에 일본인 장교와 많은 일본인이 서있었는데 일본인 장교가 여자의 소지품을 빼앗으려고 하는 그림이었소. 그런데 말이오, 쿠리하라 전옥! 그들 뒤로 저만치서 웬 청년 한 사람이 권총을 겨누고 일본인 장교를 저격하려는 자세였소. 그것이 아마 내 운명을 미리 암시한 것이었던 것 같소."

안중근이 말을 끝내자 쿠리하라가 사정을 하듯이 말했다.

"안 선생, 접견 시간에는 제한이 있습니다. 말씀을 다하셨으면 이만 끝내셔야겠소!"

"여보시오. 쿠리하라 전옥!"

안중근이 쿠리하라를 바라보며 그를 큰 소리로 불렀다.

"전옥은 아직 살 날이 많이 남아 있지만 나는 내일 죽을 사람이오! 죽기 전에 내 아우들과 재미있는 이야기 한 토막 나눌 시간조차 주지 않겠단 말이오?"

"그렇지만 안 선생…."

"쿠리하라 전옥은 적어도 이등박문 보다는 도량이 넓은 사람인 줄 알았는데 그렇지가 않구려. 이 안중근에게 소심한 사람이라고 면박이라도 받고 싶소?"

쿠리하라는 안중근이 자기를 이토와 비교하자 은근히 기분이 좋아졌다.

그러나 안중근은 쿠리하라의 입장을 더이상 난처하게 하고 싶지 않았다. 안중근은 아직도 울먹이고 있는 아우들에게 마지막으로 단장(斷腸)의 유언을 말하기 시작했다.

"나는 천당에 가서도 마땅히 우리 나라의 독립과 자유 회복을 위해 힘쓸 것이다. 너희들은 돌아가서 우리 동포들에게 모두가 각자 나라에 대한 책임을 지고 국민된 의무를 다하여 마음을 같이 하고 힘을

합하여 공로를 세우도록 하라고 일러다오. 대한독립의 소리가 천당에 들려오면 나는 마땅히 춤을 추며 만세를 부를 것이다!"

안중근의 아우들은 이 말을 듣고 흐느낌을 멈추었다.

"그리고 내가 감방에 써 놓은 편지가 있으니 나중에 찾아서 전하도록 해라. 숙부님께, 그리고 홍 신부님, 민 주교님, 사촌 명근이 한테도 쓴 것이 있다. 시간이 너무 지났으니 이만 들어가겠다."

"형님!"

"공근아, 그런 눈으로 형을 바라 보지 마라. 사람은 누구든 한 번은 죽는 법이다. 그리고 죽음에 대한 준비가 된 사람은 불행하지 않은 법이다."

마침내 안중근은 돌아서서 면회실을 나갔다.

면회를 마치고 돌아서서 나가는 안중근의 뒷모습을 향해 그의 두 아우는 마음 속 깊이 형의 명운을 빌었다.

'형님, 부디 승천하시기를 빕니다. 형님…!'

살아서 백년 죽어서 천년

안중근의 사형 집행 시간은 3월 25일 오후 4시로 정해져 있었다.

3시 40분 경, 안중근은 5개월 남짓 거처하던 감방을 한 번 돌아보고 나서 쿠리하라 전옥과 간수의 호위 아래 사형장을 향해 어둡고 긴 복도를 걸어가고 있었다.

이 때 복도 저 쪽 끝에서 나카무라 간수장이 급히 달려왔다.

"저, 쿠리하라 전옥님!"

"무슨 일인가?"

나카무라 간수장이 안중근이 들을 수 없을 정도의 작은 소리로 쿠리하라에게 말했다.

"사형 집행을 중지하라는 명령입니다!"

"뭐라구?"

평소와 조금도 다름없는 의연한 태도와 마음 가짐으로 쿠리하라보다 한 발 앞서 걸어가고 있던 안중근이 발걸음을 멈추었다.

"쿠리하라 전옥, 무슨 일이오?"

"예? 아, 아무 것도…."

"무슨 소린지 말하지 못할 게 없지 않소!"

"하지만 규칙 상…."

"사형집행 시간이 대체 몇 시로 정해져 있소?"

"4시입니다!"

"그런데 갑자기 무슨 일이오?"

"하여간 잠깐 기다리십시오! 안선생의 사형집행을 중지하라는 명령이 내려왔답니다."

간수장 나카무라가 쿠리하라에게 귓속 말로 급히 전했다.

"전옥실에 미조후치 검찰관이 오셨는데, 방금 조선 통감 소네 각하로부터 전보가 왔답니다. 어서 가 보십시오!"

"음…, 그래?"

쿠리하라는 안중근을 일단 사형집행실 앞에 있는 신체검사실에서 기다리게 한 다음, 나카무라 간수장과 함께 급히 전옥실로 달려갔다.

안중근은 쿠리하라가 전옥실로 달려가자 혼자 빙그레 웃었다. 실은 쿠리하라 전옥이 안중근을 사형장으로 데려가려고 감방에 왔을 때, 안중근이 그에게 한 가지 부탁을 했었다.

"쿠리하라 전옥, 집행 시간을 저녁으로 연기해 줄 수는 없겠소?"

"예?"

"죽음이 두려워서 그러는 건 아니오."

"잘 압니다. 하지만 그런 일은 있을 수 없습니다."

"내 마지막 가는 길에 뜻을 같이 했던 동지들과 저녁식사라도 같이 나누고 싶어서 내 마지막 부탁이니 좀 들어 주시오!"

"안됩니다. 안 선생! 그것은….."

"그럼, 갑시다!"

"미안합니다. 안 선생…!"

"그런데 한 가지가 마음에 걸리는구려. 이등박문은 내가 쏘았는데, 유동하 그 어린 것이 옥살이를 하고 있으니….."

"안 선생, 이 쿠리하라를 야박하다고 탓하지는 마시오! 사실 나는 어제도 부하직원들 앞에서 여러 번 규칙을 어겼소. 지금 안선생의 부탁은 나의 직권으로도 어떻게 할 수 없는 일이오!"

"알고 있소. 그 동안 전옥에게 많은 호의를 받아왔소."

안중근이 전옥 쿠리하라와 이런 대화를 나누며 감방을 나왔는데, 지금 갑자기 사형 집행이 중지됐다는 것이다.

한편, 전옥실로 달려간 쿠리하라 전옥은 자기 방에 와 있는 미조후치 검사를 만났다.

"안중근의 사형집행은 중지하라니 갑자기 그게 무슨 소리입니까?"

"자세히는 모르겠습니다만, 오늘이 바로 순종황제의 탄신일이라고 합니다."

"오늘이 조선 황제의 생일이란 말입니까?"

"그렇습니다."

"아…!"

"지금 조선의 민심이 매우 흉흉한 가운데 조선백성들은 그나마 그들의 무력한 황제의 탄신일을 맞아 아주 광적으로 경축을 하고 있는 모양입니다. 그래서 오늘은 저들 황제의 탄신일이니 안중근의 사형 집행을 경축일을 피해서 하자는….”

“그런데 왜 하필이면 안중근의 사형 집행일을 조선 황제의 탄신일로 잡았습니까?”

“아, 그건 지난 번에 사형 집행을 연기해 주다 보니 그렇게 되었나 봅니다.”

“음, 그건 잘된 일이로군요.”

쿠리하라가 안중근의 사형 집행이 연기되었다는 사실에 무심코 이런 소리를 하자, 미조후치는 나름대로 다른 생각을 하며 크게 웃었다.

“하하하…. 그렇소이다. 쿠리하라 전옥! 안중근이 죽는 마당에 조선 황제의 은혜를 마지막으로 입게 되었으니 말이오!”

“그럼, 언제쯤 집행을 하게 되죠?”

“내일!”

“예? 바로 내일입니까?”

쿠리하라는 안중근의 사형 집행이 겨우 하루 연기되었다는 말에 실망이 매우 컸다. 안중근이 공범 우덕순 등과 함께 저녁을 나누고 싶다고 부탁을 하기도 했지만, 그보다도 쿠리하라는 안중근이 미처 완성하지 못한 「동양평화론」을 생각하고 있었던 것이다.

“아니, 왜 그러십니까? 쿠리하라 전옥!”

"아무 것도 아닙니다."

"음?"

"겨우 하룻밤을 더 살다가 가라고…."

"아니, 그럼 안중근이란 자를 영구히 살려둘 줄 아셨습니까?"

"그런 것은 아니지만…."

"안중근의 사형 집행 시간은 바로 내일, 3월 26일 오전 10시 정각입니다."

돌연한 사형 집행 중지로 안중근은 하룻밤을 더 살고 가게 되었다. 그러나 본인에게는 아무런 통고도 해 주지 않았으므로 안중근은 자신의 사형 집행일이 언제인지조차 모르고 있었다.

다음 날, 아침 식사시간 전에 쿠리하라 전옥이 안중근의 감방 앞에 다시 나타났다.

"안 선생, 옛 동지들과 식사라도 한 번 같이 하고 싶다고 했지요?"

"예…."

"오늘 조반을 같이 들도록 하시오!"

"아니, 그게 정말이시오?"

"하여간 이리 나오시오!"

안중근은 쿠리하라가 시키는 대로 감방 밖으로 나왔다.

"오늘 또 한 번 규칙을 어기고 내 방에 특별히 식탁을 마련해 놓았습니다."

"나의 동지들도 모두?"

"예!"

"고맙소이다. 쿠리하라 전옥!"

안중근은 진심으로 쿠리하라 전옥에게 감사를 표했다.

안중근이 쿠리하라를 따라 전옥실에 들어서자, 쿠리하라 전옥이 마련된 식탁 주위에 조도선, 우덕순, 유동하가 자리를 함께 하고 있었다.

그들은 각자 독방에 수감되어 있었기 때문에 마지막 공판정에서 헤어진 이후, 이 날 처음으로 만나는 것이었다.

유동하가 안중근을 보자 와락 울음을 터뜨렸다.

"선생님!"

"동하야!"

"안 동지…!"

"동지들, 이렇게 만날 수 있게 되어 정말 반갑소이다!"

"면목 없소. 안 동지…!"

쿠리하라가 옆에서 재촉을 했다.

"자, 시간이 없습니다. 모처럼 마련한 이 사람의 성의를 생각해서라도 어서들 드시오. 어서…!"

그러나 누구 하나 음식에 손을 대지 않았다. 그저 뜨거운 눈물만 흘리고 있을 뿐이었다.

"안 선생, 어서 드시오!"

"쿠리하라 전옥, 음식이야 먹은 것이나 다름없소. 이렇게 마지막으로 동지들을 만나게 해 주신 후의는 내 잊지 않고 가지고 가겠소."

안중근이 마지막이라고 하자 유동하가 또다시 울음을 터뜨렸다.

"선생님, 마지막이라니요…!"

"동하야, 너는 아직 살 날이 많다. 앞으로 살아가면서 빼앗긴 나라를 도로 찾아야 한다는 생각을 잠시라도 잊어서는 안된다!"

"선생님…!"

"그리고 우 동지, 조 동지! 동지들은 후일 반드시 국권을 되찾아 주시오. 천상에서 이 안중근이 그 소식을 꼭 들을 수 있도록 말입니다."

"그러리다. 꼭 그렇게 하리다. 안 동지!"

"자, 그러면 어서 식사를 합시다. 이것이 이승에서의 마지막인 것 같으니 다 같이 즐겁게 식사를 합시다."

그들의 식사가 막 끝나갈 무렵이었다. 간수장 나카무라가 벌컥 문을 열고 들어섰다.

"전옥님, 지금 홍석구라는 서양인 신부와 안중근의 부인이 면회를 신청했답니다."

"아니, 뭐라구!"

안중근은 아내가 면회를 왔다는 소리를 듣고 자신도 모르게 큰 소리를 질렀다.

안중근의 부인 김아려, 그녀는 작년 11월에 안중근이 블라디보스토크를 떠나던 날 아들 분도를 데리고 그 곳까지 와서 남편을 만나보지도 못한 채, 대동공보사 주필 이강이 마련해 준 노자를 받아가지고 진남포로 돌아갔다. 가는 도중에 그녀는 남편의 거사 소식을 들었다.

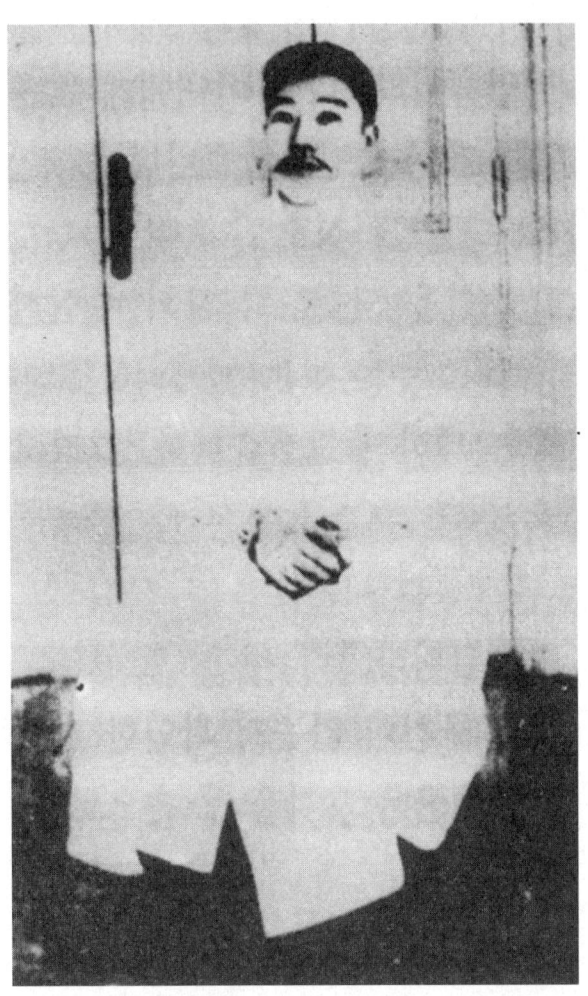

▲ 순국 직전 어머니가 손수 지어 보내 주신 한복으로 갈아입은 안 의사.

그리고 지금, 안중근의 사형이 집행되는 날 면회를 온 것이다. 꿈에서나마 환영이라도 어루만져보고 싶었던 남편을 보러 온 것이다.

"신부님! 왜…, 왜 하필이면 제가 오는 날이 그이의 사형집행날입니까?"

홍석구 신부도 충격을 억제하기 어려운 듯 차가운 시멘트 바닥에 무릎을 꿇고 기도를 올리고 있었다.

"부인, 천주님의 뜻에 맡깁시다! 우리가 하루만 늦었더라도 영영 만나지 못할 뻔하였습니다. 그리고 어제가 황제 폐하의 탄신일만 아니었더라도 …."

이윽고 복도쪽에서 발자국 소리가 들려왔다.

"부인, 안 선생이 오는 것 같습니다. 눈물을 닦으십시오."

김아려는 울음을 멈췄다.

"신부님, 저는 그이를 만나지 않겠습니다."

"예?"

"저는 먼저 나가 있겠습니다."

"아니, 수천 리 먼 길을 오셨는데 만나지 않겠다니요?"

김아려는 그대로 면회실을 뛰쳐나갔다.

잠시 후, 면회실로 들어온 안중근이 쇠창살을 사이로 하고 홍 신부와 마주섰다.

"신부님, 멀리까지 오셨습니다."

"도마…, 나는 가지 말라는 중앙교구의 반대를 무릅쓰고 도마를 만나러 왔소!"

▲ 여순감옥 사형집행장 내부. 밧줄이 걸려 있고 아래층에 시체담는 통이 있다.

"고맙습니다."

"천주님께서는 도마에게 복을 내리시고 인도해 주실 것이오. 우리가 사는 길을 열어 주신 천주님의 은혜에 감사해야 합니다."

안중근에게 가장 큰 영향을 주었던 홍석구 신부는 안중근의 스승이자 가장 가까운 친구이기도 하였다.

"신부님을 다시 뵙게 되어 참으로 다행입니다. 저의 가는 길이 한층 더 편안해졌습니다."

"그렇다니 내가 온 보람이 참으로 큽니다. 부인이 오셨는데 만나보시겠습니까?"

"아내가 왔다는 말은 조금 전에 들었습니다. 나는 아내에게 많은 죄를 지었습니다. 그녀가 나를 만나면 괴로워할테니 그만 두겠습니다."

"도마…, 마지막으로 하고 싶은 말이 있으면 해 보시오!"

"신부님, 우리 나라가 독립을 하고 국권을 되찾도록 도와 주십시오. 그것이 마지막 부탁입니다."

"그 부탁은 천주님의 뜻에 따라 최선을 다해 돕겠습니다. 그리고 이것은 부인이 가져오신 것입니다."

"무엇입니까?"

"도마의 어머님이 손수 지으신 솜옷입니다."

안중근의 어머니 조마리아는 며느리가 아들을 만나러 간다는 말을 듣고, 아들이 이승에서 마지막으로 입을 솜옷 한 벌을 곱게 만들어 보냈다. 소매는 얼마이고, 품은 얼마이며, 마치 아들이 앞에 있는 것처럼 안중근의 환영을 눈으로 보고, 손으로 어루만지듯이, 치수를 재어가며 지은 것이었다.

입회 간수가 옷 보따리를 풀어 다른 물건이 없는지 확인한 다음 안중근에게 건네 주었다. 안중근은 그것을 두 손으로 받아 잠시 가슴에 품었다. 그리고는 어머니의 따스한 체온을 느끼기라도 하려는 듯 잠시 눈을 감았다.

사형 집행시간이 점점 다가오고 있었다. 홍석구 신부와 면회를 마치고 감방으로 돌아온 안중근은 어머니가 차입해준 흰명주저고리와 검정바지를 갈아입고 그 위에 흰두루마리를 걸친 다음 이승에서의 마지막 사진촬영을 했다.

그리고 그는 간수들이 이끄는 대로 사형 집행장으로 향했다. 교수대가 임시로 가설된 형장은 안중근의 특설감방에서 50여m쯤 떨어져 있는 공터였다. 당시는 일제의 관동도독부에 의한 군사 통치시대였으므로 사형수에 대한 형집행은 모두 총살형이었다.

그러나 일제의 관동도독부 법원은 안중근의 사형집행만은 특별히 교수형으로 형을 집행하기로 이미 결정을 해두고 있었다.

1910년 3월 26일 오전 10시.
안중근은 두 사람의 간수에게 이끌려 교수대에 올라섰다.
쿠리하라 전옥이 사형집행문을 낭독하고 안중근에게 말했다.
"최후로 하고 싶은 말이 있으면 말하시오!"
"거듭 말하거니와 나의 의거는 오직 동양의 평화를 위한 것이었다.

여기에 임검하고 있는 모든 일본 관헌들이 내 뜻을 조금이라도 이해했다면, 너나없이 합심하여 동양 평화를 이루는데 힘을 기울여 줄 것을 바랄 뿐이다!"

오전 10시 3분, 안중근의 얼굴에 백지와 하얀 보자기가 가리워졌다. 이윽고 안중근의 목에 밧줄이 걸렸다. 그리고 그가 장렬히 순국한 시간은 오전 10시 15분이었다.

안중근의 시신은 오전 10시 20분에 여순 감옥의 성당 안으로 옮겨졌다.

일제의 관동도독부 관헌들은 여순 감옥의 전옥 쿠리하라와는 달랐다. 그들은 안중근을 사형집행하면서 우덕순, 조도선, 유동하 세 사람에게만은 감옥 안의 성당으로 불러내 미사를 올리게 하였으나, 그의 가족은 물론 홍석구 신부조차도 들어오지 못하게 하였다.

감옥 밖에서 그의 아우 정근과 공근 그리고 아내인 김아려와 홍석구 신부가 안중근의 시신을 찾아가려고 기다리고 있었다. 고인의 유언대로 형의 시신을 하얼빈으로 모시고 가서 그 곳 만국공원에 매장하기 위해서였다.

▲ 안 의사의 유해가 안장된 여순감옥 묘지

그러나 그들은 감옥 안의 성당에 들어가는 것조차 거절당했다.

안중근이 사형 집행을 당하는 순간, 안중근의 아내 김아려는 한 차례 비명을 크게 지르고는 그만 혼절하고 말았다.

안중근이 숨을 거둔 지 꼭 3시간 만에, 여순 감옥 당국은 그의 시체를 일방적으로 매장해 버렸다.

"이 놈들아, 시신을 내놓아라!"

"왜 시신마저 주지 않는단 말이냐?"

안중근의 두 아우 정근과 공근이 땅을 치며 통곡을 하고, 김아려가 아우성을 쳤다. 그러나 그들은 끝내 안중근의 시신을 인수할 수 없었다.

일제의 관동도독부 당국은 경찰을 시켜 그들을 강제로 대련 행 열차에 태워 귀국시켜 버렸기 때문이었다.

그러나 일제가 가장 염려했던 대로 안중근의 죽음은 조국광복이 되는 그날까지 우리민족의 항일운동사에 커다란 좌표를 세워 놓게 되었으며, 그가 그처럼 소중히 아꼈던 한반도 제일강산 삼천리에서는 어린 아이들까지도 안중근의 이름 석 자를 모르는 이가 없게 되었다.

그리고 안중근이 순국한 바로 다음 해, 신해혁명(辛亥革命)으로 청나라가 망하고 중화민국이 서자 초대 대총통(大總統)이 된 원세개(袁世凱)는 안중근의 최후 소식을 듣고 붓을 들어 다음과 같은 만사(輓詞)를 썼다.

▲ 안 의사 기념관 광장에 건립된 20여 점의 충의비. 어록비 등의 자연석 기념비.

▲ 서울 남산에 세워진 안 의사 기념관. 안 의사의 순국정신을 기리기 위해 1970년 10월 26일 건립되엇다.

평생을 경영하던 일이 이제는 끝났구려.
죽을 땅에서 살아 돌아오는 것이 어찌 장부이리오.
몸은 삼한(三韓)에 있어도 이름은 만국에 떨쳤으니,
살아서 백 살이 없거늘 죽어서 천추(千秋)를 가오리다.

안중근이 순국을 하자 국내외의 저명한 인사들은 비분의 눈물을 삼키며 수많은 조사(弔詞)를 써서 고인의 영전에 바쳤다.

그 수많은 조사가운데서도 원세개의 이 만사는 안중근의 순국을 가장 높이 찬양한 것이었다. 뿐만 아니라 그 다음해 중화민국에서는 5억 인구의 새싹을 기르는 그들의 교과서에 안중근의 이야기를 수록하여 어린이들에게 가르치게 되었으니….

이렇듯 안중근의사의 장렬한 순국은 우리의 가슴속 깊이 영원토록 나라사랑 정신을 일깨워주는 값진 교훈이 되었다.

●도마 안중근 〈하얼빈의 총성〉

살아서 백년 죽어서 천년

초　판 : 2012년 01월 05일 발행
개정판 : 2016년 12월 10일 발행

저　　자	: 이 이 녕
윤　　색	: 최 종 무
발행인	: 김 미 경
표지디자인	: 미래기획 이 영 진
디자인	: 옥 미 향
편　　집	: 『실록·독립운동사』편찬위원회
발행처	: 대한교육문화원
주　　소	: 서울시 관악구 남부순환로 1794
인　　쇄	: 상상나무
전　　화	: 1800-2351(代)
팩　　스	: 02-871-2358
등　　록	: 2015.09.16 제2015-000057호

값 18,400원

※ 잘못된 책은 바꾸어 드립니다.
　본 도서는 무단복제 및 전재를 법으로 금합니다.